U0903928

高似孫集

〔下册〕

蟹略　硯箋　騷略

疎寮小集　選詩句圖

剡溪詩話　補遺

〔宋〕高似孫　著　王群栗　點校

浙江出版聯合集團
浙江古籍出版社

蟹略

蟹略整理説明

《蟹略》有《四庫全書》本、《説郛》（涵芬樓百卷本，卷三十六）節録本，另有明抄本和清抄本。整理本有黄純艷、戰秀梅點校的《宋代經濟譜録》本（甘肅人民出版社，二零零八年）等。本次整理，以四庫本爲底本，以《説郛》本參校。另：《蟹略》中引用高似孫詩甚多，《全宋詩》已有輯録，本書『補遺』部分不再録出。

蟹略目録

蟹略卷二

蟹略卷三……（八三三）

蟹略卷一

郭索傳

《太玄經》鋭之初一曰：『蟹之郭索，後蚓黄泉測。』曰蟹之郭索，心不一也。范明叔曰：『郭索，多足貌。』司馬温公曰[一]：『《荀子》曰：「蚓無爪牙之利、筋骨之强，下飲黄泉，用心一也。蟹六跪而二螯，用心躁也。」』劉貢父蟹詩：『後蚓智不足』。杜詩：『草泥行郭索，雲木叫鉤輈[二]。』陸龜蒙詩：『自是揚雄知郭索[三]，且非何胤敢餦餭。』黄太史詩：『朝泥看郭索，暮鼎調酸辛。』又詩：『黄泥本自行郭索，玉人爲開桃李顔。』毛友詩：『沙頭郭索衆横行，豈料身歸五鼎烹。』陸放翁詩：『未嘗鱠喁噞，况敢烹郭索。』曾裘父詩：『好事不知誰爾汝，還能郭索到樽前。』[四]疎寮詩：『硯濕春鋤雨，罏腥郭索泥[五]。』

郭索，字介夫，皮日休龍潭詩：『左右擁介臣，縱横守鱗卒。』臣字太奇[六]，故曰介夫。李方叔作《趙德麟德隅堂畫品》，其一武洞清所畫《三界朝元圖》[七]，下有水神，腰間插一蟹足，以文其滑稽[八]，因書於此，觀者必一笑[九]。系生於吴越江淮間孳種[一〇]，光盛而在松陵苕霅間者，㒞秀特傑，有聲名。蓋孕氣儲精，上應辰次而羲翁之畫羲[一一]。至漢揚雄氏草《太玄經》，獨推稱之。性耿介不受擾觸〔一二〕，外甚剛果，若奮矛甲，中實柔脆〔一三〕，殊無他腸。人皆愛之，稱其爲無腸公子。歲至西風高爽，霜深月峭，嘉穀登實之秋，更甚得志。至采雙穗以朝其魁〔一四〕，是爲智且義者；至若風味開爽，如老於騷者，而世欲樂而食之，不亦愚且昧乎！惟畢茂世與之狎，最爲相知者。陸龜蒙、黄太史更能知其可嘉，相與擊節於酒盃筆硯中，其他騷人墨客，固多推尚，未有二三公之心相知者。他支不一，曰蟀、曰蟳，往往過美，如樂於甘佚而略不通騷者。惟介夫有稜韻、有風豪〔一六〕，幾於直而温〔一七〕、寬而栗，亦一代陋〔一五〕，幾草茅窶人，不足道矣。又有蜞蝟輩，皆六六么之雄，天下之奇乎。贊曰：

畢茂世有云：左手持蟹螯，右手持酒杯〔一八〕，拍浮酒池中，豈不了一生乎！《晋春秋》曰：畢卓，字茂世云云。郭子曰：一手持蟹螯，一手持酒杯，拍浮酒池中，可了一生哉！

蟹原

《易·説卦》曰：『離爲蟹。』孔穎達疏曰：『取其剛在外。』

《禮記·月令》曰：『季秋行冬令，介蟲爲妖。』注曰：『《後漢·五行志》：「丑爲鼈蟹。」』

《月令章句》曰：『介者，甲也，蟹之屬。』

《大戴禮》曰：『甲蟲三百六十，神龜爲之長，蟹亦蟲之一。』

《廣雅》曰：『蟹，蛫音尼也，其雄曰蜋螘，其雌曰博帶。《玉篇》作蜋。』

蟹象

陳藏器《本草》：『伊洛中蟹形狀不同。』孟詵曰：『形狀雖惡，食甚宜人。』皮日休蟹詩：『形容好箇似蟛蜞。』黄太史蟹詩：『形模終入婦女笑。』今表之曰蟹象。

匡箱

《禮記》曰：『蠶則績而蟹有匡。』任昉《述異記》曰：『騰嶼之南，溪淡水清，有蟹焉，匡大如笠。』皮日休蟹詩：『紺甲青匡染菭衣，島夷初寄北人時。』錢起詩：『漫把樽中物，無人啄蟹匡。』張文潛詩：『匡實黄金重，螯肥白玉香。』齊唐詩：『歲貴波敖素，時珍蟹有箱。』箱即匡也。

甲殼斗

甲，匡也。宋元憲詩：『露夕梨津飽，霜天蟹甲脱。』宋景文蟹詩：『楚人故使求留甲，齊客何妨死顧烹。』章甫詩：『殼重貯黄金，螯肥擘香玉。』疎寮詩：『魚帶淞江月盈缶，雋處依稀開蟹斗。』

膏

《嶺表録異》曰：『蟹殼内有黄赤膏。』皮日休詩：『蟹因霜重金膏溢，橘爲風多玉腦圓。』梅聖俞詩：『滿腹紅膏肥似髓，貯盤青殼大於杯。』陶商翁詩：『黄柑鱸鱠金膏蟹，使我秋風未拂衣。』又詩：『紫蟹膏應滿，丹楓葉未凋。』

臍

《廣韻》曰：『𩍐，蟹腹下。』𩍐即臍也。黄太史詩：『三歲在河外，霜臍常食新。』又詩：『想見霜臍當大嚼，夢回雪𩍐摩山圍。』王初寮糟蟹詩〔一九〕：『烹不能鳴渠幸生，含糊終作醉鄉行。』李商老詩：『霜臍貴抱黄，雀醢誇挾纊。』韓子蒼詩：『先裂臍已腐人誰照，折股猶腥犬謾争。』謝幼槃詩：『分付厨人苦見嫌，十臍原有九臍尖。』胡澹翁詩：『如今竹閣多清興，紫蟹尖團不數蝦。』陸放翁詩：『傳方那解烹羊脚，破戒猶慚擘蟹臍。』章甫詩：『呼兒破團臍，進此杯中緑。』疎寮詩：『僧釜菘分甲，漁篝蟹鬭臍。』

二　螯

《大戴禮》曰：『二螯八足。』《孝經援神契》曰：『蟹二螯，兩端傍行。』注曰：『螯猶兵也，小蟲而傾兩端自衛，故使傍行。』《玉篇》曰：『蟹二螯八足。』《荀子》曰：『蟹六跪二螯。』注曰：『跪，足也，蟹皆八足。』許慎《説文》曰：『蟹六足二螯者也。』《本草圖經》曰：『六足者名跪，四足者名蚩。』吳筠詩：『所以傾家釀，爲君一解螯。』許渾詩：『蟹螯只恐相如渴，鱸鱠應防曼倩饑。』東坡詩：『對飲待雙螯，酒酣箕踞坐。』陳純益詩：『謾憶蓴千里，先嘗蟹二螯。』王元之詩：『揩牀難死螯龜殼，把酒狂歌憶蟹螯。』毛友詩：『長安酒苦貴，蟹初臂著霜。』用臂字良奇，外無人用也。李商老詩：『不知底事真奇語，且向樽前嚼二螯。』陸放翁詩：『染丹梨半頰，斫雪蟹雙螯。』又詩：『兩螯何鼎蟹喪軀，一臠可憐牛喪領。』疎寮詩：『有桂叢生須讓菊，爲鱸歸去也輸螯。』

爪

《本草經》曰：『蟹爪破墮胎。』

目

《博物志》曰：『蟹目相向者，毒尤甚。又有赤目者，有獨目者，皆不可食。』黄太史詩：『怒目横行與虎争，寒沙奔火禍胎成。』

無腸

《抱朴子》曰：『山中無腸公子者，蟹也。』一本作無腹。混俗頤生論魚無氣，蟹無腹，禀氣不足，不可多食。顧況曰：『螟蛉之子蝦目蟹腹，即即周周，兩不相掩，此之謂體異而氣同。』梅聖俞詩：『定知有口能噓沫，休説無腸便畏雷。』曾文清詩：『舊交髯簿久相忘，公子相從獨味長。醉死糟丘終不悔，看來端的是無腸。』章甫詩：『公子雖無腸，心躁行亦遲。』

心躁

《大戴禮》曰：『蟹二螯八足，非蟺之穴無所寄託者，心躁也。』《荀子》同。陸龜蒙賦曰：『中躁外撓兮，燂炮之蟹。』陳簡齋詩：『但見橫行疑是躁，不知公子實無腸。』吕居仁詩：『竹間新笋大如椽，樹頭黄耳肥於肉。亦不見蟹躁擾，亦不見牛觳觫。』此亦是蟹箴。

香

陸龜蒙詩：『藥盃應阻蟹螯香，却乞江邊採捕郎。』宋景文詩：『鱠縷薦盤鯿項縮，酒盃行算蟹螯香。』又詩：『爲尋李白高吟地，酒熟螯香左右持。』張文潛詩：『匡實黄金重，螯肥白玉香。』蔣穎叔淞江詩：『秀蹙青螺髻，香持白蟹螯。』竦寮詩：『小山花落渠如別，右手螯香我欠肥。』

沫

陸龜蒙蟹詩：『骨清猶似含春靄，沫白還疑帶海霜。』梅聖俞詩：『定知有口能噓沫，休説無腸便畏雷。』黄太史詩序曰：『得蟹數枚，吐沫相濡。』

肥

林和靖詩：『水痕秋落蟹螯肥，閑過黄公酒食歸。』宋元憲詩：『露夕梨津飽，霜天蟹甲肥。』蘇欒城詩：『蟹肥螯正滿，石破髓初堅。』顧臨詩：『如逢公釀年來富，鬭虎匡螯稻正肥。』黄太史詩：『用之酌蘇李，蟹肥杜醅熟。』俞紫芝詩：『莫怪野人經宿住，白蘋霜落蟹螯肥。』齊唐詩：『身閑婚嫁畢，秋老蟹螯肥。』滕甫詩：『主人留客醉，酒美蟹螯肥。』陸放翁詩：『村場酒薄何妨醉，菰米堪烹蟹正肥。』疎寮詩：『菊報酒初熟，橙催蟹又肥。』

性　味

《本草》曰：『蟹性寒，味鹹。』孟詵曰：『蟹子散諸熱。』日華子曰：『蟹性凉。』張文潛詩：『中炎若逢蟹，其快如冰霜。』疎寮詩：『江空蟹急窘於蒐，滿腹清凉做盡秋。』幾與此合。

風味 惟黄太史稱其味。孟詵曰：『能去五臟中煩悶氣。』此句絶奇。陸龜蒙又稱其『骨清』，有旨哉。

黄太史蟹詩：『形模雖入婦女笑，風味可解壯士顔。』又詩：『不比二螯風味好，那堪把酒對江山。』又詩：『也知觳觫元無罪，奈此樽前風味何。』又詩：『趨蹌雖入笑，風味極可人。』章甫蟹詩：『那知風味美，以此遭縛辱。』疎寮詩：『有魚有蟹美如玉，胡不醉呼黄鶴樓。』又詩：『有晋風姿如此蟹，箇箇能空無能解。』

仄行

《本草經》曰：『蟹足節屈曲，行則旁横。』鄭康成《周禮注》曰：『蟲有仄行者，蟹屬也。』唐賈公彦《周禮疏》曰：『今之螃蟹，以其仄行也。』《孝經緯》曰：『蟹，兩端傍行者也。』黄太史詩：『横行葭葦中，不自貴其身。』强至蟹詩：『横行竟何從，躁心固已息。』陸放翁詩：『堪思妄想緣香餌，尚想横行向草泥。』

走

《周禮・大司樂》注曰：『蟹走則遲。』疎寮詩：『蟹遁迫衆隙，鶴饑拳兩階。』

朝魁

陸龜蒙《蟹志》曰：『執穗以朝其魁。』孟詵《本草》曰：『蟹至八月啣稻芒，兩莖長寸許，東向至海，輸海王之所。』按《山海經》：『大蟹在海中，有大可十里者。』又曰：『女丑有大蟹十里。』《玄中記》曰：『天下之大物，北海之蟹，舉一螯能加於山身，故在水中。豈所謂魁而王乎？』謝幼槃詩：『誰能不累口腹事，莫趁秋風銜稻芒。』章甫詩：『江淮九月時，輸海稻盈腹。』

治療

邪氣　熱結痛　喎癖　面腫　解結

散血　疽瘡以黃塗之。　漆瘡　養筋　益氣

殺莨菪毒　解鱔毒蟹，鱔類也。　疥瘡折傅之。

金瘡螯黃納瘡中。

續筋接骨取蟹髓及腦，與黃微熬，納瘡，自然連續。謝幼槃詩：『椎髓方嫌大瘦生。』又方神效：全蟹一隻，紙裹，外以鹽泥封固，煅紅去土，出火，一毫一脚不可失去，研細末，無灰，好酒送下。飲醉，骨瑟瑟有聲，睡醒續好如故。又催生大妙。

治瘧

沈存中《筆談》曰：『關中無螃蟹，土人惡其形狀，以爲怪物。秦州人家收得一乾蟹，有病瘧者則借去懸門上，往往遂差。不但人不識，鬼亦不識。』曾文清食蟹詩：『横行足使斑寅懼，乾死能令瘧鬼亡。』

食忌

赤目者不可食，獨目者不可食，兩目相向者不可食，四足者不可食，姙者不可食。

毒

陶隱居曰：『蟹未被霜者甚有毒，被霜二字，詩材也。以其食水莨也。人中之，不療而死。至八月，腹有稻芒，食之無毒。』《博物志》曰：『秋蟹毒者，無藥可療。目相向者尤甚。』《本草》曰：『蟹性寒，有毒。治毒之法，用大黄、紫蘇、冬瓜汁出食忌。』張文潛詩：『世言蟹毒甚，過食風乃乘。』謝幼槃詩：『有國常憂以味亡，須知有毒味中藏。』曾裘父詩：『甘滄不美鴆，毒終非可戒。』章甫詩：『江淮九月時，輸海稻盈腹。紛紛來入市，衆口誇無毒。』

校勘記

〔一〕『温』字據説郛本補；又『曰』字説郛本作『云』。

〔二〕『雲木』句據説郛本補。

〔三〕『是』，説郛本作『有』，據陸龜蒙《甫里集》卷八同四庫本改。

〔四〕此句説郛本作『如自不知隨而汝，能令郭索到尊前』。

〔五〕『罏』，説郛本作『爐』。

〔六〕『臣字太奇』，説郛本作『介臣、鱗卒四字大奇』。

〔七〕『晝』字據説郛本補。又説郛本『一』字下有『曰』字，『洞』字作『澗』字。

〔八〕『以』，原作『沙』，據説郛本改。

〔九〕説郛本此下有『云』字。

〔一〇〕説郛本『吴』字下猶有『今吴』二字。

〔一一〕说郛本此下有『取諸離』三字。

〔一二〕『性』，原作『惟』，據説郛本改。

〔一三〕説郛本作『内實柔美』。

〔一四〕説郛本『穗』字下有『執』字，『魁』字作『宗』字。

〔一五〕『六六』，説郛本作『録録』。

〔一六〕『豪』，説郛本作『尚』。

〔一七〕『幾』，説郛本作『庶幾』。

〔一八〕説郛本「左」「右」二字互换。

〔一九〕王初寮，「初」字原作「疎」。按此詩又見卷三「烹蟹」條，作「王初寮」詩；卷三又收王履道《次韻震子磐送糟蟹》詩五首，其三即此詩。王安中字履道，號初寮，因據改。

蟹略卷二

蟹鄉

蟹澤

《本草圖經》曰：『蟹生伊洛池澤中。』注曰：『淮海、京東、河北陂澤中多有之。』

蟹浦

南齊建武四年，崔慧景作亂。到都下不克，單馬至蟹浦，投漁人。陸龜蒙《蟹志》曰：『漁捕於江浦間。陸放翁詩：『今朝有奇事，江浦得霜螯。』

蟹洲

《吴志》曰：『蘇最多蟹，鬱洲者尤肥大。』

蟹浪

吴人夜執火於水濱，紛然而集，謂之蟹浪。

蟹穴

《大戴禮》曰：『蟹非鱣之穴而無所寄托者，心躁也。』《荀子》曰：『蟹非蛇蟺之穴無所寄託。』强至墨蟹詩：『初自鱣穴來，猶帶浮泥黑。』毛友詩：『身綴鵷鸞集鳳池，夢尋麋鹿遊蟹堁。』《唐韻》曰：『堀堁，塵起皃。』

蟹窟

梅聖俞詩：『肥大窟深淵，曷虞遭食啄。』

蟹舍

張志和《漁父歌》：『淞江蟹舍主人歡。』蘇庠淞江詩：『東隣蟹舍如著我，已辦蓑笠懸牛衣。』張徽之淞江詩：『蕭蕭蘆葦黄，蟹舍何瀟灑。』陸放翁詩：『數椽蟹舍償初志，九陌塵衣洗舊痕。』又詩：『洞庭八萬四千頃，蟹舍正對蘆花洲。』

蟹具

淞江有《漁具圖》。《本草圖經》曰：『南方人捕蟹差早。』王維爲人作《捕漁圖》，今之捕蟹良佳。陸龜蒙詩：『却乞江邊採捕郎。』

蟹簖

陸龜蒙《蟹志》曰：『今之採捕於江浦間，承峻流葦蕭而障之，其名曰簖。』《廣五行記》曰：『元嘉中，富陽民作蟹簖。』司馬温公詩：『稻肥初簖蟹，桑密不通鴉。』金嘉謨魚簖詩：『芒葦織簾箔，横當湖水秋。寄言魚與蟹，機穽在中流。』陸放翁詩：『水落枯萍粘蟹簖。』疎寮詩：『簖頭蟹大須都買，篘下醪香且竟酣。』

蟹簾

吴越之人取蟹，編簾以障，謂之蟹簾。石守道《淞江賦》云：『小罝槮罧罶之所施。』陸龜蒙《迎潮辭》曰：『鷗巢卑兮魚箔短。』黄太史賦曰：『聊生涯於葦竹。』即陸氏所謂葦蕭也。

蟹簄

簄葉亦如簾。陸龜蒙漁具詩序曰：『倒竹於瀣曰滬。』其詩曰：『萬植禦洪波，森然倒林薄。』石處道《淞江賦》曰：『籊簄筍筞以森布，罾罶罛罟以交曳。』疎寮詩：『水生奔蟹簄，樹雜蔭魚牀。』又詩：『明夜定依漁父宿，簄頭呼蟹碧丸丸。』

蟹篝

篝者以竹爲簍，上接簖簾者也。陸龜蒙曰：『筍即篝也。』疎寮詩：『自攜筆具呼西舟，好風吹蟹歸魚篝。』

蟹簻

《纂文》曰：『取蟹者曰簻。』

蟹網

吴人引舟取蟹，沈鐵脚網，謂之蕩浦。又引徐行兩舟，中間施網，謂之摇江。黄太史詩：『誰憐一網盡，大法河北民。』

蟹釣

梅聖俞蟹詩：『老蟹飽經霜，紫膏青石殼。肥大窟深淵，曷虞遭食啄。香餌與長絲，下沈寧自覺。未免利者求，潛潭不爲邈。』又詩：『霜蟹肥可釣，水鱗活堪斫。』

蟹火

吳人取魚，執火而攻之，蟹則易集。黄太史詩：『憶觀淮南夜，火攻不及晨。』又詩：『怒目横行與虎争，寒沙奔火禍胎成。』

蟹户

錢氏治杭越，置漁户、蟹户。劉禹錫詩：『宛洛魚書至，江村雁户歸。』用雁户亦奇，少有人用此。晏元獻詩曰：『白草沙場多雁户，黄榆關迴絶狼煙。』

蟹品

洛蟹

《本草圖經》曰：『蟹生伊洛池澤中。』注曰：『伊洛蟹極難得。』今淮海、京東、河北陂澤中多有之。沈存中《筆談》曰：『關中無蟹。』

吳蟹

羅處約《蘇州圖經》，其敘蟲魚，蟹居其末，可爲無風度之甚，况大欠表章乎。姑蘇婁縣即崑山也，有鬱吳塘蟹，特肥大。鬱州者，孫恩所保之地。石處道《淞江賦》曰：『魚則蟹鼊蝦螺。』杜牧詩：『越浦黄柑嫩，吳溪紫蟹肥。』梅聖俞詩：『幸與陸機還往熟，每分吳味不嫌猜。』陸放翁詩：『細粒新沙來左輔，巨螯斫雪出東吳。』章甫詩：『吳淞魚蟹熟，安穩泛江流。』

越蟹

宋景文詩：『越蟹丹螯美，吳蓴紫線縈。』謝景初詩：『越俗嗜海物，鱗介每一遺。蝦蠃味已厚，况乃蟹與蜞。』張祐歸越詩：『好老寧雞口，加飡及蟹螯。』

楚　蟹

蘇欒城詩：『楚蟹吴柑初著霜，梁園高酒試羔羊。』韓子蒼蟹詩：『饞涎不避吴儂笑，香稻兼嘗楚客飡。』章甫詩：『乃知楚人饞，不待秋霜熟。』

淮　蟹

梅聖俞詩：『淮南秋物盛，稻熟蟹正肥。』黄太史蟹詩：『憶觀淮南夜，火攻不及晨。』張文潜詩：『遥憐漣水蟹，九月已經霜。』

江　蟹

許渾詩：『江上蟹螯沙渺渺，隖中蝸殼雪漫漫。』宋景文詩：『秋水江南紫蟹生，寄來千里佐蒪羹。』梅聖俞詩：『年年收稻買江蟹，二月得從何處來。』陸放翁詩：『山暖已無梅可折，江清獨有蟹堪持。』注曰：『蜀中惟嘉州有蟹。』又詩：『今朝有奇事，江浦得霜螯。』

湖　蟹

淞苕之蟹，太湖蟹也。陸放翁詩：『尚無千里蒪，那有鏡湖蟹。』又詩：『團臍霜螯四腮鱸，尊俎芳鮮十載無。塞月征塵身萬里，夢魂也復到西湖。』西湖蟹稱天下第一。又詩：『久厭羶葷愁下筯，眼前湖上得雙螯。』

溪　蟹

《吴興志》云：『九月間，溪蟹大如盌，極稱美。』張籍詩：『越嶺黄柑嫩，吴溪紫蟹肥。』東坡詩：『溪邊石蟹小如錢，喜見輪囷至玉盤。』李商老詩：『溪友提攜紫蟹肥，形模郭索就羈縻。』疎寮詩：『山梅能摘索，溪蟹更清癯。』不言肥而言癯，可表溪蟹之雋。又詩：『蟹生溪味爽，梅報野香疎。』

潭　蟹

陶商翁詩：『遠草牛羊動，暗潭蝦蟹明。』

渚　蟹

宋景文詩：『晨杯鬭豉江蓴滑，夕俎供糖渚蟹肥。』

泖　蟹

三泖屬華亭，蟹大而美，人呼爲泖蟹。

水中蟹

晋解系與趙王倫同討叛羌，後倫以憾收系，兄弟梁王彤救之。倫曰：『我於水中見蟹且惡，况此人輕我耶？』遂害之。《莊子·秋水》篇公子牟曰：『子獨不聞夫井底之蛙乎？謂東海之鼈曰：「吾樂與爾跳梁於井幹之上，入休乎缺甃之崖，赴水則接掖持頤，蹶泥則滅足没跗，還虷蟹與科斗，莫吾能若也。」』《本草圖經》曰：『蟹生諸水中，取無時。』曾裘父詩：『遠及水中蟹，直以投葅醢。』謝幼槃詩：『論功直與酒杯同，何事生涯在水中。』

石　蟹

《本草圖經》曰：『伊洛水中有石蟹。』東坡詩：『溪邊石蟹小如錢。』曾文清詩：『斫雪流膏乃如許，也容石蟹趁時新。』疎寮詩：『翠鷺苕影亂，蟹過石陰空。』又：『秋蘭臨澗活，石蟹帶霜饑。』又詩：『蟹遨離罅石，翠狎跂枯蓮。』又詩：『沙清幽蟹露，樹蔚野禽留。』僧頤詩：『石凉幽蟹過，枝脆雨蟬休。』幽蟹二字良佳。

潮蟹

陸放翁詩：『潮壯知多蟹，霜遲不換麯。』

新蟹

温公詩：『雁隨斜柱絃隨指，蟹薦新螯酒滿船。』陸放翁詩：『鮮鱸出網重兼觔，新蟹登盤大盈尺。』又詩：『啄黍黄雞嫩，迎霜紫蟹新。』又詩：『溪女留新蟹，園公餉晚瓜。』又詩：『輪囷新蟹黄欲滿，磊落香橙緑堪摘。』又詩：『半榼浮蛆初試釀，兩螯斫雪又嘗新。』

早蟹

《本草圖經》曰：『今南方人捕蟹差早。』蘇欒城詩曰：『白魚紫蟹早霜前，有酒何須問聖賢。』張耒詩：『早蟹肥堪薦，村醪濁可斟。』

老蟹

梅聖俞詩：『老蟹飽經霜，紫螯青石殻。』又詩：『秋葉蕭蕭蟹應老，憶昔共歸江上初。』疎寮詩：『相次西風吹蟹老，眼前且作鱠殘圖。』又詩：『大川足鳧雁，蟹老魚亦老。』又詩：『菊報香篘熟，橙催宿蟹肥。』宿字亦前人未用。

蟛　蟹

《吴興志》曰：『十月雄鬬大蟲，謂蟹大而有力，亦曰蟛蟹。』《周禮疏》曰：『祭器以蟛蟹爲飾，施於祭用者也。』又曰：『今之蟛蟹，其仄行也。』日華子曰：『蟛蟹凉。』凉字宜入詩。元微之詩：『池清漉蟛蟹，爪蠧拾蝦蟇。』毛友謝送蟛蟹詩：『沙頭郭索衆橫行，豈料身歸五鼎烹。』

毛　蟹

《海物志》曰：『蟛蟹曰毛蟹。』

活　蟹

梅聖俞有《答吴正仲送活蟹》詩。見卷四。

春　蟹

梅聖俞詩：『年年收稻買江蟹，二月得從何處來。』

夏蟹

吴越人採夏蟹曰蘆根蟹，謂止食菱蘆根也。陶商翁詩：『蘆根紫蟹團臍少，楓葉青鯿縮項來。』章甫詩：『今朝忽至前，郭索當炎伏。也知楚人饞，不待秋霜熟。』疎寮詩：『夏蟹新中食，初菘脆入虀。』

秋蟹

林和靖詩：『水痕秋落蟹螯肥，閑過黄公酒食歸。』宋景文詩：『秋水江南紫蟹生。』梅聖俞詩：『秋來魚蟹不知數，秋葉蕭蕭蟹應老。』齊唐詩：『身閑婚嫁畢，秋晚蟹螯肥。』趙潼垂虹亭詩：『露垂曉橘金丸重，霜飽秋螯玉股肥。』疎寮詩：『不是桂菊蟹，如何能好秋。』

霜蟹

宋景文詩：『秋蓴未下豉，霜蟹恣持螯。』梅聖俞詩：『欲攬整白帽，酒壺及霜蟹。』又詩：『老蟹飽經霜，紫螯青石殼。』劉貢父詩：『霜蟹人人得，春醪盎盎浮。』蘇欒城詩：『黄花簇短籬，霜蟹正堪持。』又詩：『勝處舊聞荷覆水，此行猶及蟹經霜。』又：『風高熊正白，霜落蟹初肥。』謝民師詩：『秋風鱠鱸絲，霜月持蟹螯。』俞紫芝詩：『莫怪野人經宿住，白蘋霜落蟹螯肥。』陸放翁詩：『霜蟹薦肥螯，絲蓴小添豉。』

稻　蟹

彭器資詩：『玉粒稻初熟，霜螯蟹正肥。』强至詩：『激浪檣烏急，吴霜稻蟹肥。』又詩：『木奴競熟饒千樹，稻蟹初肥嗜二螯。』陸放翁詩：『稻蟹泖中盡，海氣秋後空。』

樂　蟹

吴人以稻秋蟹食既足，腹芒朝江爲樂蟹。

冬　蟹

《月令》曰：『季冬行秋令，介蟲爲妖。』注曰：『丑爲鼈蟹。』孫真人《月令》曰：『十二月勿食蟹，傷神。』陸龜蒙詩：『强作南朝風雅客，夜來偷醉早梅旁。』陸放翁食蟹詩：『東崦夜來梅已動，一樽芳醖竟須攜。』與大陸意同，則是冬持螯矣。

燈　蟹

吴越及中都以上元時蟹爲貴，謂之燈蟹。踈寮詩：『風流誇老看元宵。』

大蟹

震澤漁者得蟹大如斗，老漁曰：『鼊蟹之殊常者，必江湖之使，烹之不祥。』乃縱之，横行水面，一里方没。陸放翁詩：『蟹束寒蒲大盈尺，鱸穿細柳重兼行。』

尺蟹

陸放翁詩：『紫蟹迎霜徑一尺，白魚脱水重兼觔。』又詩：『一尺輪囷霜蟹美，十分瀲灩杜醅香。』又詩：『白鵝作鮓天下無，潯陽糖蟹一尺餘。』疎寮詩：『硯八百年今懶進，蟹一尺大何能烹。』又詩：『壯尺大貪持蟹匡，十分香憐破橙黄。』

斤蟹

吴人以蟹及斤者爲奇。陸放翁詩：『黄柑磊落圍三寸，尺蟹輪囷可一斤。』

箇蟹

《食療》曰：『八月前，每箇蟹腹中稻穀一顆，輸海神遇，八月即好。經霜更美。』

子蟹

《海物志》曰：『蟹之有子者曰子蟹。』孟詵曰：『蟹子散諸熱。』

紫蟹

李邦直詩：『紫蟹黄柑新酒熟，夜問船尾唱伊州。』張文潛詩：『黄柑紫蟹見江梅，紅稻白魚飽兒女。』又詩：『秋風五千里，碧蕨見紫蟹。』東坡詩：『紫蟹鱸魚賤如土，得錢相付何曾數。』裴若訥詩：『漁人借問去何處，白酒香甜紫蟹肥。』趙令時詩：『紫蟹黄橙知有思，天教出向夜涼時。』疎寮詩：『月洗黄蘆雪，天生紫蟹秋。』

健蟹

黄太史詩：『螘臂怒兮專車，蟹螯强兮鬬虎。』曾文清詩：『横行足使斑寅懼，乾死能令瘧鬼亡。』陸放翁詩：『芋肥一本可專車，蟹壯兩螯堪敵虎。』疎寮詩：『雁愁奔舊菊，蟹健敵新醪。』又詩：『蟹與人同健，詩如酒怕陳。』又詩：『笑逼花皆立，騷添蟹越遒。』又詩：『最覺黄花如有意，却憐豪蟹欲相疎。』用遒字、豪字，强於健字。　又詩：『沙空擒逸蟹，泉熟煮寒青。』逸字亦未經用。　又詩：『菊纔重九破，蟹却十分遨。』遨字又佳於逸字。

生蟹

《濟衆方》曰：『小兒頭顱不合，用生蟹足骨擣敷。』

魚蟹

陸龜蒙詩：『直至葭菼少，歌言魚蟹肥。』黄亞夫詩：『菱芡與魚蟹，居人足不〔一〕。』東坡詞：『漁父引飲誰家去，魚蟹一時分付。』蘇欒城詩：『飲食從魚蟹，封疆入斗牛。』呂居仁詩：『連年湖海病，未免魚蟹罸。』陳壔詩：『活計魚蝦蟹，此事屬漁舟。』疎寮詩：『迴舟指淞江，徑奔魚蟹海。』

蝦蟹蝦亦六跪兩螯

虞預《會稽典録》曰：『吞舟之魚，不啖蝦蟹。』東坡詩：『一魚中刃萬魚驚，蝦蟹奔忙誤跳躑。』胡澹翁詩：『鮭魚還抵店，蝦蟹不論錢。』

蟹占

蟹官

《天文録》曰：『十二星有巨蟹官。』黄太史詩：『雖居天上三辰次，未免人間五鼎烹。』陸放翁詩：『魚長三尺催鱠玉，蟹巨兩螯仍斫雪。』用巨蟹本乎此，良佳。

蟹灾

《月令》曰：『季冬行秋令，介蟲爲妖。』注曰：『丑爲鼈蟹。』《軍略·灾篇》曰：『地忽生蟹，當急遷砦栅，不遷將亡。』《廣五行記》曰：『軍行地無故生蟹，砦宜急移。魚蟹之類，水失其性，則有此孽。』《抱朴子》曰：『兵地生蟹者宜急移軍。太乙在玉帳之中，不可攻也。』

蟹食

《國語》曰：越王問范蠡曰：『今吴稻蟹食不遺種，伐其可乎？』《搜神記》：『晋太康中，會稽郡蟹皆爲鼠食稻。』陶隱居曰：『蟹食水，莨有節。』陶商翁詩注曰：『蘆根與稻，蟹之所食。』

蟹　漆

《淮南子》曰：『磁石引針，蟹脂敗漆。』注曰：『置蟹漆中則漆敗也。』《抱朴子》曰：『蟹之化漆，麻之壞酒，不可以理推也。』《博物志》曰：『蟹漆相合成水。』陶隱居曰：『投蟹漆中化水，飲之長生。』又見《神仙服食方》。

蟹　鼠

《淮南萬畢術》曰：『燒蟹致鼠。』《淮南子》曰：『釋大道而任小數，無以異於蟹捕鼠、蟾蜍捕蚤。』注曰：『以火灼蟹匡上，内置穴中，乃熱足走窮穴，能捕二鼠。』又曰：『使蟹捕鼠必不得。』劉貢父：『蟹捕鼠，功豈具？』謝幼槃詩：『焚臍未用集鼠輩，椎髓方嫌太瘦生。』

蟹　亂

吴語曰：『蝦荒蟹亂。』

校勘記

〔一〕據《兩宋名賢小集·伐檀集》此句應作『居人足來去』。

蟹略卷三

蟹貢

獻蟹

《汲冢周書·王會篇》曰：『成王時，海陽獻蟹。』

供蟹

劉聰以襄陵王攄坐魚蟹不供被誅。

貢蟹

韓子蒼糖蟹注曰：『舊説平原歲貢糖蟹。』黄太史蟹詩：『誰知揚州貢，此物真絶倫。』

登　蟹

陳克詩：『小楫登魚蟹，平原聚鳥烏。』

禁蟹　取蟹

《本草》曰：『蟹取無時。』《三國典略》曰：『齊王禁取蟹蛤之類，惟許捕魚。』沈立爲兩浙漕，奏罷魚蟹之徵。

孝　蟹

田彦升奉母孝，母嗜蟹，遠市於蘇雪之間，熟之以歸。楊行密將田頵兵暴至，人皆竄避餧死，獨彦升挈囊負母，竟以蟹免。時以爲孝報。古者有孝魚、有孝泉，今表以孝蟹云。

遺　蟹

《張敞集》：朱登爲東海相，遺敞蟹，報書曰：『薳伯玉受孔子之賜，必及鄉老。敞謹分斯貺於尊行者，何敢獨烹之。』梅聖俞詩：『姚江遺魚蟹，稽山奉筍蕨。』

送蟹

梅聖俞謝人送蟹詩：『幸與陸機還往熟，每分吴味不嫌猜。』曾裘父蟹詩：『故人憐我貧，走送不待買。』陸放翁詩：『客送輪囷霜後蟹，僧分磊落社中薑。』

買蟹

梅聖俞詩：『年年收稻買江蟹，二月得從何處來。』疎寮詩：『多買潮來蟹，催烹帶得魚。』

烹蟹

張敞以蟹分於尊者，不敢獨烹。梅聖俞詩：『邀飲奉醪醴，案杯烹蟹螯。』王初寮糟蟹詩：『烹不能鳴渠幸生，含糊終作醉鄉行。』韓子蒼蟹詩：『海上奇烹不計錢，枉教陋質上金盤。』疎寮詩：『近澗取白水，初篘烹石蟹。』

煮蟹

《御食經》有煮蟹法。諺曰：『百無使解，燒湯煮蟹。』謝幼槃詩：『不使落湯頻下筯。』正此謂也。陶商翁詩：『落成序嘉賓，煮蟹膾溪鱸。』疎寮詩：『天差鶴管烹茶水，風夾花吹煮蟹煙。』

熟蟹

見前田彦升孝母，遠市蟹，煮熟以歸。陶商翁詩：『蟹螯紅熟鯔魚活，此興重來未有時。』

斫蟹

東坡詩：『半殼含黄宜點酒，兩螯斫雪勸加餐。』陸放翁詩：『披綿黄雀麴糝羹，斫雪紫蟹柑橙香。』

持蟹

皮日休詩：『病中無用雙螯處，寄與夫君左手持。』宋元憲詩：『左手螯初美，東籬菊向開。』宋景文詩：『下箸未休資快嚼，持螯有味散朝酲。』又詩：『蟹味持螯日，魴甘抑鮓天。』晏元獻詩：『蟹螯今在左，願拍酒池浮。』王岐公詩：『誰共危樓凌爽氣，右持樽酒左持螯。』東坡詩：『主人有酒豈獨辭，蟹螯何不左手持。』又詩：『定煩左手持新蟹，謾繞東籬嗅落英。』汪彦章詩：『寒無蟹螯持，猶覺非故園。』李商老詩：『却笑思鱸膾，應須持蟹螯。』疎寮詩：『蟹纔逢畢卓，酒不了劉伶。』又詩：『小山花落渠如别，右手螯香我欠肥。』又詩：『折得花相伴，消渠酒拍浮。』又詩：『未教剪初韭，全如持左螯。』又詩：『雁老已忘蘇武節，蟹危猶愛畢郎奇。』此方是用事，可以掐羣作矣。

把蟹

杜詩：『二螯堪把持。』晏元獻詩：『未暇南浮海，何妨右把螯。』宋景文詩：『對把蟹螯何處酒，橙虀蓴菜此時美。』蘇魏公詩：『盤豐介象膾，手把畢生螯。』東坡詩：『書空漸覺新詩健，把蟹行看樂事全。』汪彦章詩：『左手蟹螯行可把，新醅早晚定堪持。』黄太史詩：『此中亦有無絃意，相對樽前把蟹螯。』齊唐詩：『春波池上揞琴薦，秋月桐陰把蟹螯。』吕居仁詩：『漸須把蟹螯，慎莫貸雞肋。』陸放翁詩：『何由共杯酒，把蟹擘黄柑。』

擘蟹

陸龜蒙詩：『相逢便倚蒹葭宿，更唱菱歌擘蟹螯。』范忠宣公詩：『堆盤白玉鱸魚美，手擘黄金蟹殼肥。』陸放翁詩：『尖團擘雙蟹，丹漆飣山梨。』又詩：『蟹螯暫擘饞涎墮，渌酒初傾甕眼微明〔二〕。』又詩：『挑燈剩欲開書帙，擘蟹時須近酒船。』

啖蟹　食蟹

蔡謨渡江，不識蟛蜞，以爲蟹而啖之。梅聖俞詩：『食蟹易美闕〔二〕。』

蟹饌

《本草圖經》云：『今人以蟹爲食品之佳味。』佳味二字良佳。此彙也以存古，非有意於饌也。序曰：蟹箴其此義乎？然昌黎聯句有曰：『楚膩鱓鮪亂，獠羞。』螺蟹并以爲獠羞，則冤矣。元微之詩：『官醪半清濁，夷饌雜腥羶。』夷饌即獠羞也。至若何曾有《食闕〔三〕》，弘君舉有《食檄》，皆不可以爲法。

洗手蟹　酒蟹

黄太史賦云：『蟹微糟而帶生。』今人以蟹沃之鹽酒，和以薑橙。是蟹生亦曰洗手蟹。東坡詩『半殼含黄宜點酒』即此也。宋景文詩：『曲長溪舫遠，宴暮酒螯香。』黄太史詩：『解縛華堂一座傾，忍堪支解見香橙。』王初寮詩：『熟點醯薑洗手生，樽前此物正施行。哺糟晚出尤無賴，尚有饞夫染指争。』陸放翁詩：『披綿珍鮓經旬熟，斫雪雙螯洗手供。』

蟹蝑　鹽蟹

《周禮注》曰：『蟹，醢也。』《唐韻》曰：『鹽藏蟹。』又曰：『蝑亦鹽藏也。』《本草圖經》曰：『蟹蝑，味鹹，性寒，有毒。食療之蟹，以鹽淹之作蝑。』崔德符詩曰：『團臍紫蟹初欲嘗，染指腥鹽還復輟。』陶商翁詩：『玉版淡魚千片白，金膏鹽蟹一團紅。』

蟹　䱗

蟹醢之類，惟松苔間精乎此。曾裘父詩：『遠及水中蟹，直以投葅醢。』

蟹　羹

宋景文詩：『秋水江南紫蟹生，寄來千里佐吴羹。』疎寮《誓蟹羹》詩：『年年作誓蟹爲羹，倦不支吾略放行。』

糟蟹

糟法：茱萸一粒置靨中，經年不沙。

黄太史賦云：『蟹微糟而帶生。』蘇魏公詩：『右把巵酒左持螯，慷慨酣歌藉麴糟。』王初寮詩：『醉死楊家郭索生，此曹平日要横行。』謝幼槃蟹詩：『不使洛陽頻下箸，終令骨醉奈春風。』章甫蟹詩：『藉糟行萬里，醉死甘爲戮。』疎寮糟蟹詩：『啜醨正自强持酒，衆醉如何敢獨醒。』

糖蟹

《南史》：何胤侈於食味，去其甚者，猶有糖蟹，使門人議之。鍾岏云：『蟹之將糖，躁擾彌甚。仁人用意，深懷惻怛。』《地志》云：『青州貢糖蟹。』宋景文詩：『訟失閒卿犴，糖螯佐壽杯。』黄太史詩：『海饌糖蟹肥，江醪白螘醇。』蘇舜卿詩：『霜柑糖蟹新醅美，醉覺人生萬事非。』韓子蒼糖蟹詩：『只訝平原驛使稀，不嗔彭澤寄來遲。勸君莫以無腸故，忍見紛紛躁擾時。』注曰：『舊説平原歲貢糖蟹。』此可爲蟹箴矣。謝幼槃詩：『變相驚蜊異，將糖嫌蟹躁。』

蟹虀

吴人虀橙全濟蟹腥，韓昌黎詩所謂『芼以椒與橙，腥臊始發越』也。蔣潁叔松江亭詩：『品待秋風鱸味美，重來桂玉啜虀橙。』此明言橙虀也。白樂天詩：『老去齒衰嫌橘醋。』橘醋二字極佳。枚乘《七發》曰：『酢以越裳之梅。』梅酢對橙虀爲佳，未有人用也。陸放翁詩：『醢醬點橙虀，美不數魚蟹。』邵迎詩：『鹽豉調羹金液膩，橙虀薦鱠玉絲肥。』疎寮詩：『笋早趨禽腹，橙香適蟹虀。』又詩：『蓴逢鱸始服，橙入蟹偏香。』

蟹黄

《游京録》云：『京師買蟹黄包絶勝。』《嶺表録異》曰：『廣人取蟹肉膏如黄蘇，加以五味，和殼煏之。』張佑詩：『蟹黄鹽滿箸，熊白軟加籩。』黄太史詩：『長安千門雪，蟹黄熊有白。』韓子蒼詩：『君家自有甑石儲，蟹黄熊白能俱設。』李商老詩：『食蟹貴抱黄，食魚先腹腴。』謝幼槃詩：『端爲懷黄取蟹烹，豈因多足恣傍横。』

蟹饆饠

《嶺表録異》云：『以蟹黄淋以五味，蒙以細麪爲饆饠，珍美可尚。』

蟹包

陸放翁詩：『蟹饌牢丸美，聞人封德言餅賦中所謂牢丸，今包子是。魚煮鱠殘香。』疎寮蟹包詩：『妙手能誇薄様梢，桂香分入蟹爲包。也知不枉持螯手，便是持螯亦草茅。』

蟹飯

李頎詩：『炊飯蟹螯熟，下筯鱸魚鮮。』疎寮詩：『蟹豪留客飯，芎細約僧茶。』

蟹　牒

陶隱居：『蟹類最多。』類字雖可采，目系曰牒。

蝤　蛑

《明越風物志》云：『蝤蛑，并螯十足，生海邊泥穴中。大者曰青蟳，小者曰黄甲。』陳藏器《本草》云：『蝤蛑隨潮退殼，一退一長。』日華子曰：『蝤蛑性冷，無毒，解熱氣。』陳藏器云：『治小兒閟痞。』《嶺表録異》云：『螯足無毛，兩小足薄而闊，謂之撥棹子。』《埤雅》曰：『蝤蛑兩螯至强，能與豹鬬。』柳子厚詩：『蝤蛑顧親燎，茶熏甘自薅。』歐陽公詩：『爲我辨酒殽，羅列蛤與蛑。』東坡蝤蛑詩：『溪邊石蟹小如錢，喜見輪囷赤玉盤。半殼含黄宜點酒，兩螯斫雪勸加餐。蠻珍海錯聞名久，怪雨腥風入座寒。堪笑吴興饞太守，一詩换得兩尖團。』鄭毅夫詩：『正是西風吹酒熟，蝤蛑霜飽蛤蜊肥。』疎寮詩：『老蟹自應强隽逸，壯蛑還只象膏粱。』又詩：『斫雪蝤蛑鱠，生香茉莉盃。』曾文清詩：『使君領客未經旬，更以蝤蛑作小春。』

蟳

《明越風物志》曰：『蝤蛑大者曰青蟳。』《晋安記》云：『蝤蛑斷物若芟，如牟焉。又曰武蟳。』《本草圖經》云：『蟳隨潮退殼，一退一長。其力至强，能與豹鬭，豹不能勝。』洪玉父詩：『丹荔薦盤驚北客，赤蟳供饌識南州。』疎寮詩：『豆蔻雨分霽，翠蟳雪炊香。』又詩：『蟳肥和雪鱠，梅早夾春芻。』又富次律送蟳詩：『鱗甲錯夏物，懷青莫如蟳。蘇公今張華，何微不知音。入手巨螯健，斫雪雋莫禁。宛然如玠輩，曾是秉玉心。蟹因龜蒙傑，酒與畢郎深。二者不可律，食之當酌斟。』

蟛蜞

《世説》云：蔡司徒過江，見蟛蜞，大喜曰：『蟹有八足，加以兩螯。』令烹之。既食，委頓吐下，方知非蟹。後向謝仁祖説此事，謝曰：『卿讀《爾雅》不熟，幾爲《勸學》誤。』《爾雅》曰『蝟螺小者蟧』，即蟛蝟也，似蟹而小。按蟛蜞小蟹，文似蝟，所謂蝟螺者也。蔡謨不精於大小，食而至於斃，故曰『讀《爾雅》不熟』。陶隱居曰：『蟛蜞生海邊，似蟛螁而大，似蝟而小。』皮日休蟹詩：『族類分明連蛣，形容好箇似蟛蜞。』宋景文蟹詩：『定知不作蟛蜞悮，曾厠西都學士名。』李商老詩：『大嚼故應羞海鏡，嗜甘乃悮食蟛蜞。欲將磊落慚《爾雅》，委頓深憐蔡克兒。』陶商翁詩：『蠢囷發嬉笑，蟛蜞生嘔洩。』

蟛蜎

《爾雅》云：『蜎蟳小者蟧。力刀反。』郭璞曰：『即蟛蜎也。膏可塗癬。』《埤蒼》曰：『蟧，螺屬。』或曰即蟳也，似蟹而小。海人曰：『彭蜎，辣螺所化，蜎又化爲蟬。』《中華古今注》云：『彭蜎，小蟹也。』小蟹二字亦佳。《嶺表録異》曰：『吴越間以鹽藏貨之。』《晋書》曰：『夏統孝海邊拾彭蜎以資養。』劉馮《事始》曰：『世傳漢醢彭越賜諸侯，英布不忍視之，覆江中，化此，故曰「彭越」。』白居易詩：『鄉味珍彭越，時鮮煮鷓鴣。』張祐詩：『瀲灩穿蘆葉，彭蜞上竹根。』章甫詩：『外事添蛇足，餘生嚼越螯。』

擁劍

《唐韻》曰：『擁劍若蟹。』《古今注》云：『一名執火，以其螯赤也。』《本草圖經》：『一螯大，一螯小者名擁劍。』陶隱居曰：『擁劍，似蟛蜎而，大似蟹而小。』

桀步

《海物志》曰：『蟛蜎一種曰桀步。』《埤雅》曰：『蜞横行謂之桀步。』

江　蜥

《唐韻》曰：『蜥若蝤蛑，生海中，今廣潮間有蜥乾。』《本草圖經》曰：『闊殼而多黄者名蠘，生南海。』

䗴

《廣韻》曰：『䗴若蟹，生海中。』

虮

《唐韻》曰：『虮，蛤屬，若蟹。』

蚎普流反。

《玉篇》云：『蚎若蟹，二足。』又出郭璞《江賦》。

蛸蜅上方布反，下布莫反。

《玉篇》曰：『角蟹也。』

鰖以水反。一曰他果反。

《唐韻》曰：『蟹子也。』《海物志》曰：『有子者曰子蟹。』

蟹牒二

海蟹　魟蟹　母蟹　赤蟹　紅蟹　白蟹

《海物志》云：『𧎚俗呼曰蟹。經霜，有膏曰赤蟹，無膏曰白蟹。海人以鹵鹽之，曰魟𧎚。』《嶺表録異》曰：『有赤母蟹，又有紅蟹，即赤蟹也。秀之華亭亭林湖近顧野王宅，天聖間忽生白蟹，一年而絶。』蘇欒城詩：『奉親魚蟹無臨海，退食琴書有定菴。』胡澹翁詩：『赤魚白蟹何足數，風味未可松江鱸。』陸放翁詩：『蟹白魚肥初上市，輕舟無數去乘潮。』

江　蟹

郭璞《江賦》曰：『蛣腹蟹，水母目蝦。』《松陵集》注曰：『蟦蛣似蚌，有一小蟹在腹中，爲蟦蛣出求食，蟹或不至，蛣餒死。淮海呼爲蟹奴。』皮日休詩：『蟹奴晴上臨湘檻，雁婢秋隨過海船。』梅聖俞詩：『一開明月腹，中有小碧蟹。』即此也。

沙　蟹

《海物志》曰：『一種小於彭越，曰沙蟹。』許渾詩：『江上蟹螯沙渺渺，隖中蝸殼雪漫漫。』

水　蟹

《嶺表録異》曰：『水蟹螯殼内皆鹽水。』

虎　蟹

《嶺表録異》曰：『蟹殼上虎斑，可爲酒器。』

石　蟹

《廣州記》曰：『石蟹出南海，蟹化爲石，過潮漂出。主消眼澀，細研和水入藥相佐，用以點眼。』

校勘記

〔一〕此兩句《劍南詩稿》卷十五作『蟹黄旋擘饞涎墮，酒渌初傾老眼明。』

〔二〕按《宛陵集》卷十八《送傅越石都官歸越州代闕》有句云：『食蟹易美秔易飽，緑橘佐酒柑佐醉。』

〔三〕按晋何曾有《食疏》，見《南齊書》卷三十七《虞悰傳》。

蟹略卷四

蟹雅

蟹圖

唐《畫斷》曰：『韓滉畫妙於螃蟹。』《本朝名畫評》曰：『閻士安，宛丘人，善畫棋蟹。於架中有易元吉《蟹圖》、郭忠恕《蟹圖》，又有金門羽客李德柔《郭索鉤輈圖》。』劉貢父畫蟹詩：『後蚓智不足，捕鼠功豈具。一爲丹青録，能使萬目顧。氣凌鼂龍蟄，勢經滄海渡。微物亦有動，将非逢學誤。』强至墨蟹詩：『瑣瑣江湖中，忽在幽人壁。短螯利雙鉞，長跪生六戟。骨眼驚自然，熟視審精墨。初疑蟺穴束，猶帶浮泥墨。横行竟何從，躁心固已息。終朝墻壁間，頗有肥霜色。我來空持杯，左手莫汝食。誰奪造化功，生成歸筆力。』

蟹琴聲

《琴録》曰：『《履霜操》有蟹行聲。』齊唐詩：『槐楓親黼扆，畫蟹播朱絃。』

蟹眼　茶湯

《茶録》曰：『煎茶之泉，視之如蟹眼。』皮日休煎茶詩：『時看蟹目濺，乍見魚鱗起。』東坡詩：『蟹眼已過魚眼生，颼颼欲作松風鳴。』又詩：『蟹眼翻波湯已作，龍頭拒火柄猶寒。』黄太史詩：『遥憐蟹眼湯，已作鵝管玉。』蘇欒城詩：『蟹眼煎來聲未老，兔毛傾看色尤宜。』蔡君謨詩：『兔毫紫甌新，蟹眼青泉煮。』曾裘父詩：『朝來蟹眼方新試，昨夜燈花早得知。』

蟹　杯

《嶺表録異》曰：『虎蟹殻上有虎斑，又有五色者，可爲杯。』《皮陸詩注》：『南人目螺之有色者曰雲螺，用以酌酒。』亦此類也。

蟹志賦詠

蟹　志

陸龜蒙

蟹，水族之微者。其爲蟲也有籍，見於《禮經》，載於《國語》、揚雄《太玄》、《魏晋春秋》、《勸學》等篇。考於《易》象爲介類，與龜鼈剛其外者〔一〕，皆乾之屬也，周公所謂傍行者歟。參於藥録食疏，蔓延乎小説。其智則未聞也，惟《左氏》記其爲災，子雲譏其躁，以爲郭索後蚓而已。蟹始窟穴於沮洳中，秋冬交必大出。江東人曰：『稻之登也，率執一穗以朝其魁，然後從其所之也。』早夜觱沸，指江而奔。漁者緯蕭，承其流而障之，曰斷。音鍛。斷，斷其入江之道焉爾。然後扳援逸遯而往者十六七〔二〕。既入於江，則形質寖大於舊，自江復趨於海，如江之狀。漁者又斷而求之，其越逸遯去者又加多焉。既入於海，形質益大，海人亦異其稱謂矣。嗚呼！執穗而朝其魁，不近於義耶？捨沮洳而之江海，自微而務著，不近於智耶？今之學者，始得百家小説而不知孟軻、荀卿、揚氏之道，或知之又不汲汲於聖人之言、求大中之要，何也？百家小説，沮洳也；孟、荀、揚氏，聖人之瀆也；六籍者，聖人之海也。苟不能捨沮洳而求瀆而至於海〔三〕，是人之智反出於水蟲下，能不悲夫？吾是以志其蟹。

松江蟹舍賦

高似孫

鴟夷子皮既相勾踐，讐闔閭，殄夫差，弔子胥，無懺恨於越人，迄騁懷於西吴。乃昂然作，喟然吁曰：『兔死犬烹，鴻羅於罟，古人所危。吾其亟圖！』方將朝三江、夕五湖，一去不回，樂哉此桴。屣其遺於人間，情嫋嫋於姑蘇。水繞乎笠澤，天包乎具區。松陵互潮，太湖交瀦。川納鼇府，波畫村墟。石罅碕岸，崖鼇別區。波程杳渺，水路盤紆。洄渚棋布，聚落星敷。采之於山，則緑膩女桑，黄包橘奴，牧菽貢梨，剥棗擷茶；取之於水，則絲破紫蒪，筍食青菰，采菱春芡，食稻燒蘆。是皆舟子所鄉，漁郎所廬。葭菼兮爲域，萑葦兮爲墟。鴻鷺兮爲隣，鵠鵜兮爲徒。時則天澄月静，風恬靄舒。或霧氣之濛沫，或煙雨之扶疎。掉歌亂發，漁榜疾徐。命儔嘯侣，靡不一魚。蔭柳邊之罺槮，挂隔苑之罾。兒奉輕笱，婦手飛罛。水禽潑潑，一發靡虛。乃有鱠殘之鯽，四腮之鱸，瓌異叢毓，鱗甲紛挐。鯉皆奔於漁市，羨足給於魚租。至於露老霜來，日月其徂，萬螯生凉，含黄脂膚。其武郭索，其雄睢盱，其心易躁，其腸實枯。鼓勇而喧集，齊奔而並驅。鴟夷公顧而笑曰：『昔者吴之將微，民甚難虞。厥有躁亂，害於菑畬。是固汝輩之所逞者歟？』吴人趨而告曰：『當是時，善有鮮鑑，貞有罕孚。樂鴆乎毒，習甘乎諛。一艷方妍，漂香沉珠。樂極危生，淪胥以鋪。是故非蟹罪也。惟我吴人以漁爲娱，施勤於簄簖，皆得志於江途。方洞庭兮始霜，熟萬稼兮豐腴。執一穗兮朝魁，目洪溟兮争趨。工緯蕭兮承流，截鬵沸兮防逋。燎以乾葦，檻以青篘。喧動凉飇，驚飛宿鳧。其多也如涿野之兵，其露也如太原之俘。蟹事卓犖，八荒所無。今敢藉以凉荻，束之風蒲，願奉一醉，獻諸大夫。』大夫嗒然笑曰：『嗟汝吴兮巨麗，樂太伯兮開初。括於越兮自裕，跨荆蠻兮遠摹。干星紀兮經略，控軫野兮車書。至若藪澤幽靈，川瀆納洿，灌注於天下之半，鬱拂兮瀛洲之居。忘越矢之倏西，嗟麋臺之交蕪。余方超萬物兮如蜕，豈一蟹兮樂且？』吴人再拜進曰：『大夫高矣！儂聞宅金湯之固者，莫崇乎德者也；建竹帛之功者，莫勇乎謀者也。自吴越成敗，憹君臣之嗟吁。然儂者生長水國，子孫澤隅，朝暮一艇，寒暑一笛。老魚鰲以爲命，狎鷗鸕而不孤。久與世以相忘，亦傷今而欲痛。大夫方將謝軒冕，樂樵漁，斡玄機兮相高，庶幾遯兮不渝。今儂有粳可炊，有酒可沽。幸江山兮如待，朝風月兮無辜。』大夫爲之愕然曰：『君子者，事豈以蟹爲業者歟？非渭水之遺智，必山澤之修癯。』深樂其言，藏道於愚。欲去兮徘徊，欲逝兮勤劬。舉酒酬酢，何其悲歟？與之釋縛，使之拍浮。刳甲如山，虀橙如鋪。意悟忘言，酒酣相扶。指青天兮自誓，幸來世兮知余。渺煙水兮莫能留，泛孤舟兮不可呼。蟹翁者三嘆於悒，四顧躊躕。揖長江兮脱如矢，歌浩浩兮何能俱。其歌曰：

天高兮月寒，天風兮水急。鴻遠兮汲汲，人有慕兮嘆何及。木葉落兮洞庭波，江有汜兮漢有沱。把酒答天聊自歌，歌月落兮愁如何。

又歌曰：

楓落兮隕霜，菰香兮如雪。一舟兮太决，智者樂兮樂者哲。蟹健兮鱸肥，風吹酒兮酒淋衣。知有蟹兮不知時，若斯人兮其庶幾。

詩

蟹寄魯望

皮日休

紺甲青匡染苔衣，島夷初寄北人時。離居定有石帆覺，失伴惟應海月知。族類分明連蠙蛣，蟦蛣似小蚌，有一小蟹在腹中，時出求食，淮海人呼爲蟹奴。形容好個似蟛蜞。病中無用雙螯處，寄與夫君左手持。

襲美寄蟹

陸龜蒙

藥杯應阻蟹螯香，却乞江邊採捕郎。自是揚雄知郭索，且非何胤敢餦餭。骨清猶似含春靄，沫白還疑帶海霜。强作南朝風雅客，夜來偷醉早梅傍。

容惠湖蟹

宋 祁

秋水江南紫蟹生，寄來千里佐吴羮。楚人故使束留甲，齊客何妨死顧烹。下箸未休資快嚼，持螯有味散朝酲。定知不作蟛蜞悮，曾厠西都學士名。

吴正仲遺活蟹

梅堯臣

年年收買吴江蟹，二月得從何處來。滿腹紅膏肥似髓，貯盤青殼大於杯。定知有口能噓沫，休信無腸便畏雷。幸與陸機還往熟，每分吴味不嫌猜。

釣蟹

老蟹飽經霜，紫膏青石殼。肥大窟深淵，曷虞遭食啄。香餌與長絲，下垂寧可覺。未免利者求，潛潭不爲邈。

食蟹

黄庭堅

海饌糖蟹肥，江醪白蟻醇。每恨腹未厭，誇啖齒生津。三歲河外霜，團臍常食新。朝泥看郭索，暮鼎調酸辛。趨蹌雖入笑，風味極可人。憶觀淮南夜，火攻不及晨。横行葭葦中，不自貴其身。誰憐一網盡，大法河北民。鼎司費萬錢，玉食常羅珍。吾評揚州貢，此物真絶倫。

謝何十三送蟹

形容雖入婦人笑，風味可解壯士顔。寒蒲束縛十六輩，已覺酒興生江山。

借答送蟹韻戲小何

草泥本自行郭索，玉人爲開桃李顔。恐似曹瞞説雞肋，不比東阿舉玉山。

代二螯解嘲

仙儒昔日卷龜殼，蛤蜊自可洗愁顔。不比二螯風味好，那堪把酒對江山。

又借前韻

招潮瘦惡無永味，海鏡纖毫只强顔。想見霜臍當大嚼，夢回雪靨摩圍山。

鄂渚絶無蟹偶得數枚吐沫相濡乃可憫笑

怒目横行與虎争，寒沙奔火禍胎成。雖爲天上三辰次，未免人間五鼎烹。

其　二

勃崒盤跚蚤涉波，草泥出没尚横戈。也知觳觫元無罪，奈此樽前風味何。

其　三

解縛華堂一座傾，忍看支解見香橙。東歸却爲鱸魚鱠，未敢知言許李膺。

食蟹　張耒

世言蟹毒甚，過食風乃乘。風淫爲末疾，能敗股與肱。我讀《本草》書，美惡未有憑。筋絶不可理，蟹續牢如絙。骨痿用螯補，可使無謇騰。凡風待火出，熱甚乃騰升。炎若遇其快，如霜致堅冰。俗傳未必妄，但恐殊愛憎。《本草》起東漢，要之出賢能。雖失諒不遠，堯跖終殊稱。書生自信書，俚説徒營營。

寄文剛求蟹　王履道

遥知漣水蟹，九月已經霜。匡實黄金重，螯肥白玉香。塵埃離故國，詩酒寄他鄉。若乏西來使，何緣致洛陽。

次韻震子磐送糟蟹

醉死揚家郭索生，此曹平日要横行。不須覆醢煩諸子，試比糟蟹幾許争。

其二

熟點醯薑洗手生，樽前此物正施行。哺糟晚出尤無賴，尚有饞夫染指争。

其　三

烹不能鳴渠幸生，含糊終作醉鄉行。裂臍已腐人誰照，折股猶腥犬謾争。

其　四

塞上秋殘百萬生，書囊旁午此時行。聾丞自薦牋雖妙，未必持螯手肯争。

其　五

莫笑頭陀飯出生，要將戒殺勸修行。霜螯斷命終妨道，身作人爲了不争。

康判官寄螃蟹　　毛　友

沙頭郭索衆横行，豈料身歸五鼎烹。支解樽前供大嚼，胸中戈甲也虚名。

食　蟹　　韓　駒

海上奇烹不計錢，枉教陋質上金盤。饞涎不避吴儂笑，香稻兼償楚客餐。寄遠定須宜酒漬，嘗新猶喜及霜寒。先生便腹惟思睡，不用殷勤破小團。

謝江州送糖蟹

故人書札訪林泉，郭索相隨到酒邊。未擘團臍先一笑，二螯能覆幾觥船。

其　二

只訝平原驛使稀，不嗔彭澤寄來遲。勸君莫以無腸故，忽見紛紛躁擾時。

食　蟹

謝幼槃

端爲懷黄取醖烹，豈勝多足恣傍横。焚臍未用集鼠輩，椎髓方嫌太瘦生。

其　二

分付厨人苦見嫌，十臍元有九臍尖。要知其中未必有，輸與蛤蜊如蜜甜。

其　三

論功直與酒杯同，何事生憎在水中。不使洛陽頻下筯，終令骨醉奈春風。

其四

有國常憂以味亡，浪知有毒味中藏。誰能不累口腹事，莫趁秋風含稻芒。

食蟹　李商老

溪友提攜紫蟹肥，形模郭索就羈縻。抱黄斫雪老饕事，看碧成朱露醉時。大嚼故知羞海鏡，嗜甘易誤食蟛蜞。欲将磊落輕周雅，委頓深憐蔡克兒。

詠蟹　陳與義

量才不數鰲魚額，四海神交顧長康。但見横行疑是躁，不知公子實無腸。

糟蟹　曾幾

風味端宜配麴生，無腸公子藉糟成。可憐不作空虚腹，尚想能爲郭索行。張翰蓴鱸休發興，洞庭蝦蟹可忘情。君看醉死真奇事，不受人間五鼎烹。

錢仲修餉新蟹

開籢破殻喜新黄，此物移來所未嘗。一手正宜深把酒，二螯已是飽經霜。横行足使班寅懼，乾死能令瘧鬼亡。畢竟爬沙能底事，祇應大嚼慰枯腸。

趙嘉甫致松江蟹

高似孫

雁知楓已落松江，催得書來急蟹綱。消一兩螯如斲雪，强三百橘未經霜。無詩莫學天隨子，有酒當呼吏部郎。不解持經聊戒殺，省嫌無板去燒湯。

李迅甫送蟹

小橘枝枝菊未黄，蟹肥全不待些霜。莫嫌草草相知少，猶是曾爲吏部郎。

其　二

平生嗜此黿蒙蟹，便無錢也多多買。瞥見風姿已瀟瀟，一呷橙虀酒如灑。

誓蟹羹

年年作誓蟹爲羹，倦不能支略放行。但是草泥行郭索，莫愁豕腹脹膨亨。酒今到此都空了，詩亦隨渠太瘦生。吏部一生豪到底，此時得意孰爲争。

趙嘉父送松江蟹

青天肯爲蟹飛霜，蟹亦貪詩老更狂。楓葉已隨詩共冷，菊花能爲酒先忙。平生《爾雅》誰能熟，此去《玄經》孰敢荒。剪取吴淞半江水，漁翁不敢叫滄浪。

同父送松江蟹

人間寧有幾松江，蟹到强時橙也黄。非是龜蒙無此雋，自從茂世孰爲忙。乾坤大半漁爲宅，雪月從頭筆做牀。不讀《晋書》誰了此，《晋書》曾讀也蒼茫。

趙廣德送松江蟹

江空蟹急窘於蒐，滿腹清凉做盡秋。茶竈筆牀新意思，寢香衛戟戰風流。生擠不入吴王鱠，死亦相尋越女舟。得一好詩無可憾，無詩也不作騷愁。

趙崇暉送魚蟹

秋驅雁至至猶稀，且饌新蒭理舊衣。蟹爲龜蒙何惜死，鱸非張翰且休肥。五湖已去無遺恨，三徑方歸有昨非。更欲借渠茶竈火，蕭蕭葉滿洞庭蘆。

趙君海惠蟳

早揮鱠手作雲鼇，雪帶晴飛且拍敖。安得輪囷如此壯，也知郭索許多騷。翰林風月從來別，太史江山一味豪。今夜筆牀船上去，已輸吏部十分高。

江寺丞送蟹

苦無多雨便重陽，憶殺池頭煮蟹涼。政用此時消幾輩，菊花先作故山香。

吴中致蟹

天雨洞庭霜，寒驅蟹力忙。全然空俗味，只是作詩香。酒已方纔熟，橙猶未肯黄。讓渠茶竈火，和月煮滄浪。

汪彊仲郎中送蟹

連日天街候駕歸，且呼酒對早梅飛。從來吏部高情别，右手分將老蟹肥。

答癯菴致糟蟹

秋入丹楓聲怒號，吴兒得志飛輕舠。緯以萬竹瀾寒濤，有法如兵勇於鏊。彼蟹甚武殊驛騷，一霜二霜如此膏。物生固忌風味高，最以風味無一逃。葬之酒鄉泣醨糟，一醉竟死俱陶陶。了我一身凡幾醪，死生大矣惟所遭。飲中諸公人中豪，左手酒杯右手螯。醉魂浩蕩不可招，爲君以酒博葡萄。世間萬事真牛毛，一醉一死俱蓬蒿。恭惟不殺心忉忉，視民如蟹嗚呼饕。

醅蟹

西風送冷出湖田，一夢酣春落酒泉。介甲盡爲香玉軟，脂膏猶作紫霞堅。魂迷楊柳灘頭月，身老松花甕裏天。不是無腸貪麴櫱，要將風味與人傳。

校勘記

〔一〕説郛本『鼊』字上有『與』字。

〔二〕『援』，説郛本作『越』；『往』，説郛本作『去』。

〔三〕『而至於』，説郛本作『由瀆以至於』。

四庫提要

《蟹略》四卷，宋高似孫撰。似孫有《剡録》，已著録。是編以傅肱《蟹譜》徵事大略，因别加裒集，卷一曰蟹原、蟹象，卷二曰蟹鄉、蟹具、蟹品、蟹占，卷三曰蟹貢、蟹饌、蟹牒，卷四曰蟹雅、蟹志、賦詠，每門之下分條記載，多取蟹字爲目，而繫以前人詩句。俞文豹《吹劍録》嘗譏其以林逋『草泥行郭索，雲木叫鉤輈』一聯爲杜甫詩，今檢卷首《郭索傳》内信然，殊爲失於詳核。又《本草圖經》『蟹生伊洛池澤中』一語，澤蟹、洛蟹條下兩引之，亦爲複出。又白居易詩『亥日饒蝦蟹』句爲傅肱譜中所原引，而此書『蝦蟹』條下乃反遺之，其於編次亦小有疏漏。特其採摭繁富，究爲博雅，遺篇佚句，所載尤多，視傅譜終爲勝之云。

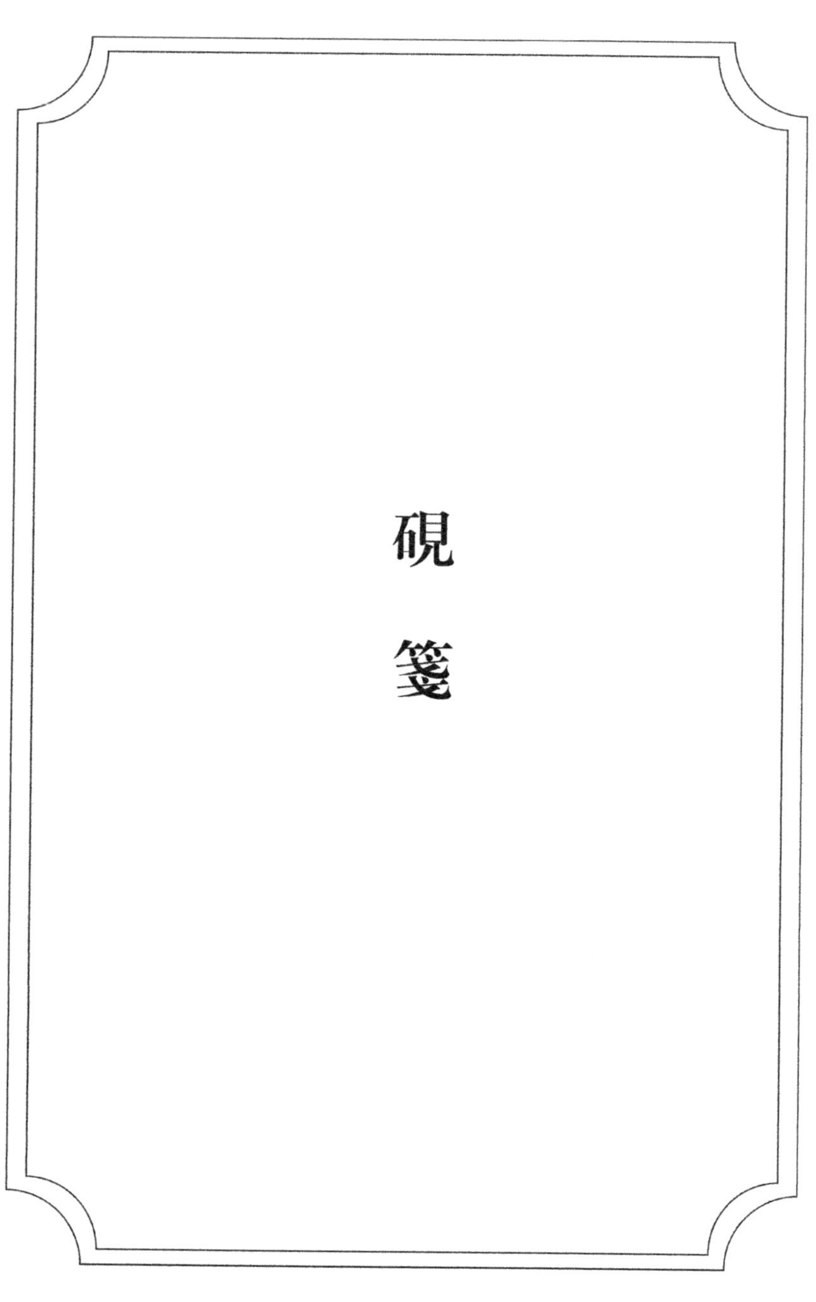

砚笺

硯箋整理説明

《硯箋》有《四庫全書》本、《楝亭十二種》叢書本（亦收入臺灣新文豐公司《叢書集成續編》）、明萬曆四十二年潘膺祉如韋館刻本、清抄本等，以四庫本和楝亭本較爲常見。整理本較多，大多據四庫本排印標點，對校本則未之見。楝亭本向稱善刻，但細校兩本，實以四庫本爲善。本次整理，即以四庫本爲底本，以楝亭本參校，并吸收了陸心源《群書校補·硯箋》的校訂成果。

硯箋目録

硯箋卷三

序

衡山浮屠氏瞿省以詩謁，一日，曰：『公愛硯入骨，與硯朋，蘇歐蔡唐嗜不減公也，記載恨無所統。』余儆其言，箋天下石遺之。瞿省曰：『然則端孰精也？』余曰：『唐彦猷所謂紫潤無聲者也。』『歙孰精也？』曰：『歐陽公所謂鋌而膩理者也。然而殫極受用，莫如後山，其曰：「書生活計亦酸寒，斷磚半瓦寧求備。」石老矣！』省曰：『唯。』筆而西。嘉定癸未四月十五日，似孫識。

硯箋卷一

端　山

斧柯山蘇易简《譜》云：即觀棋之所。在大江南，州東三十三里。與靈羊峽對。山峻峙壁立，下際〔一〕潮水江之湄，山行三四里即硯巖。先至者下巖，巖中水未嘗涸。下巖之上曰中巖，中巖之上曰上巖。自上巖轉曰龍巖，唐取硯處，下巖得石既勝此，不復取。又小湘峽州西四十里。石類巖石，色深紫，如蚌坑，性軟滲。凡石以下巖爲上，中巖、龍巖、半巖次之，蚌坑下。《端硯譜》。

端巖鑿成深穴，冬涸方探。穴中不可睹，但捫取之，日不過數石。工在洞别其精粗，有累日不得一佳石者。唐彦猷《硯録》。

斧柯、茶園、將軍山同一溪，惟斧柯所得不過三四指，一呵津滴瀝，絶難得。茶園次之，將軍又次之。米元章帖。

端州歲貢硯十。《九域志·宋包孝肅公傳》曰：端歲貢硯率数十，公知端，纔足貢數，歲滿不持一硯。

下　巖

李嶠硯詩：『形帶石巖圓。』唐人已重巖石矣。汪彦章《硯銘》：『美哉下巖之石。』朱新仲詩：『下巖琢硯温如玉。』又云：『敢遣良工琢下巖。』曾文清詩：『珍材琢下巖。』

下巖石乾則灰蒼色，濕則青紫色。巖兩口通爲一穴，大穴取硯所自入，小坑泉所自泄，號水口，陳公密所開也。巖北壁水所浸，淺深莫測，工不能探，往往於石屑中得之，崇觀後已罕得。泉生石中，非石在泉中也。泉珠散落如飛雨不絶。《端石譜》。

下巖石色深紫，襯手潤，叩之聲清遠。有青緑暈，圓小而緊，謂之鸜鵒眼，採於水底，最貴重。《皇朝類苑》。

下巖穿洞皆水。治平中貢硯，取水月餘方及石。石細，叩之清越，眼圓碧，暈明瑩。嫩甚者如泥，無聲，不著墨，快無泡。良久微滲，若油發艶。近無復有。米《史》。

下巖紫如猪肝，密理堅緻，瀦水發墨，如玉磨無聲。《高宗翰墨志》。又云：『眼冷石爲瑕。所藏一段紫玉，略無點綴。』

上巖

上巖三穴，上曰土地巖，有祠。兩穴通。中曰梅樹巖，亦兩穴通，石眼黄赤。梅巖微黄赤，帶灰蒼，眼黄緑。

上巖在山上，石性乾，紫色深理粗硬，眼黄差，不圓而淡青。巖深處間，有潤者，終不如下巖。米《史》。

中巖

中巖南壁石與梅巖同而少勝，北壁石則與下巖南壁同而少劣。《端硯譜》。

龍巖

龍巖石深紫，眼少，類中巖、半邊山。

半邊巖〔二〕

半邊巖石灰青，類下巖南壁、中巖北壁，眼多暈少〔三〕。《端硯譜》。

半邊巖石理如上巖，色青紫，多瑕，眼長如卵。米《史》。

蚌坑

蚌坑石深紫，眼黄白，微青，不正，無瞳而翳，堅潤不發墨，與半邊石相類。《端硯譜》。

三十年前人所得巖石皆西坑石，近收者後歷也。《類苑》。

蚌石取於澗谷曰野石，味者愛其大璞少瑕。《類苑》。

後歷山

後歷石性軟燥，色紫帶赤黄，眼類蚌坑，堅潤不及而發墨勝之，非油蠟不光潤。《類苑》。米《帖》云：『巖石爲甲，後歷爲劣。』

子　石

巖石有黄臕胞絡，鑿去方見硯材，所謂子石。《端硯譜》。

工識石理，鑿窟，自然有子石。蘇《譜》。

山有自然圓石，剖其璞得焉，謂之子石。唐《録》。

端石以子石爲上，生大石中，精石也。歐《譜》。

崔生居端，巖於後巖百丈坑得紫龍卵，造硯，長尺，廣減尺之四。厚重粹潤，若有德君子。眼暈六七重，無纖瑕，近手潤澤，可劇墨。來遺予。君謨《硯記》又云：『試以澄心堂紙、李廷珪墨、諸葛漸筆。』

東坡《陳公密子石硯銘》：『孰形無情，石亦卵生。黄胞白絡，以孕黝頳。』劉原父詩：『端州東溪靈卵石。』李商老詩：『誰從浴日淵，得此頳虬卵。』

緑　石　譜録不載緑石。

王荆公詩：『玉堂新樣世争傳，况似蠻谿緑石鐫。』

石　眼　李賀有《端州青花石硯》詩，自唐便以眼爲上。

眼石縝密温潤，端人謂石嫩則多眼，凡青脉必有眼，腳石腰石多青脉。眼之别有鸜鴿眼、雀眼、雞眼、猫眼、菉豆眼，翠緑爲上，黄赤爲下。《端硯譜》。

上巖石眼美者青緑黄三重，多者八九重，色鮮重多圓者爲上，大者尤稀，大如彈丸精上。以眼大小多少爲重輕，得石扣之，知其眼多少。唐《録》。

下巖北壁石眼圓，青緑碧白黑暈數重，有瞳子。南壁石不及。石貴潤，色貴青紫，眼貴翠緑圓正有瞳子。

鸜眼石病，北巖石有之。歐《譜》。唐公曰：『眼乃石之精，如木之節，不知者以爲病。』

眼生於墨池外曰高眼，生於池曰低眼。高眼尤所愛尚，以其不爲墨所漬也。《硯録》。

圓暈相重，黳精晶瑩曰活眼，浸漬不鮮曰淚眼，白無光彩曰死眼。活勝淚，淚勝死，死勝無。米《史》。

王堯佐有硯，眼若芡實，青緑黄六七重，色鮮。《苕溪詩譜》。

下巖寸眼石硯付旬。蔡君謨《帖》。

石　病

石之病曰鐵線，曰鑚，如蛙[四]蟲眼。曰鷩，鑿觸裂者。曰火黯，色焦如火。曰黄龍。灰黄，色如龍蛇。唯火黯一名熨斗焦。端人不以爲病。巖石有此，他山無之。《端硯譜》。

石有金線，此正爲病，端人所不取。唐《録》。

陳公密鎮知端州，部民蓄奇硯，破其家得之，硯面熨斗焦，如黑龍奮迅，二鸜爲目，每晦則雲霧輒興。公密没，歸張仲謀。政和間入禁中，書符其後，龍德宫服玩。爲都監王殊所匿，復歸謝衣家。《蘇養直集》。

硯　圖

録其近雅者。歙石亦如之。

鳳池　玉堂　玉臺　蓬萊　辟雍
院様　房相様　郎官様　天硯　風字
人面　圭　璧　斧　鼎
鏉　笏　瓢　曲水　八稜
四直　蓮葉　蟾　馬蹄

硯直

硯之價，下巖水底十倍於南壁石；南壁石十倍於中巖北壁石；半邊山〔五〕南諸巖倍於中巖南壁石；半邊山〔六〕北諸巖及龍巖、中巖南壁倍上巖諸穴石；上巖諸穴倍小湘石；小湘石倍後歷、蚌坑石；後歷之佳者與上巖諸穴價等。《端硯譜》。

製法 陸龜蒙詩：『山匠製雲牀。』

繁欽《硯贊》曰：『或薄或厚。』今製之薄者，一夫捧持方琢之，或内於稻穀中，出其半而理之。其鏨如粗針。有如表紙薄者。蘇《譜》：『硯有薄如紙者，爲利用。』

繁欽《硯頌》曰：『鈞三趾於夏鼎。』僕遊盱眙泉水寺，僧硯三足如鼎，製作甚古，繁頌可徵矣。蘇《譜》。

右軍端樣，外方内若〔七〕峻坂，墨下入水中不費硯磨。《歙硯説》。

古人晨興作墨汁滿斗，終日不復磨，故多用玉斗，書畫筆皆圓，有助於器。晋唐用鳳池硯，中如瓦凹，故曰硯瓦，一援筆，因凹勢，鋒已圓。本朝硯心平如研，援筆則褊。彦猷作皺心凸硯，援筆即三角，作字安得圓哉？余復其樣，稍革皺背。米氏《書史》。

鎔歷青調元損石末，綴之無痕。

石晋時關右李處士能補硯石，碎者略無瑕。蘇氏《譜》。

滌法

李白詩：『洗硯修良策。』賈島詩：『洗硯魚吞墨。』秦系詩：『洗硯魚仍戲。』韋應物詩：『白水浮香墨，清池滿夏雲。』尤言洗硯之狀矣。唐求《臨池洗硯》詩：『恰似有龍深處卧，被人驚起黑雲生。』米元章詩：『墨池濯硯龜魚藏。』前人洗滌，往往臨池潤也。

硯須日洗去其積墨敗水，則墨光瑩澤。《歙硯説》。

硯宜頻易新水。杜詩：『硯寒金井水。』杜荀鶴詩：『野泉聲入硯池中。』高元矩詩：『池貯寒泉碧。』

養硯以文綾，貴乎隔塵。《文房寶》。

硯須日滌墨，留則膠滯。以麩炭磨濯之。

苦寒不宜用佳硯。石理既凍，墨亦減光。白樂天詩：『硯温磨凍墨。』鄭谷詩：『寒硯旋生澌。』喻坦之詩：『硯和青靄凍。』温庭筠詩：『硯水池先凍。』張喬詩：『近臘硯生冰。』李洞詩：『心苦硯冰知。』賈島詩：『硯冰催臘日。』皆言硯凍，比〔八〕見唐人研磨肘硯池水也。又如歐公詩：『破硯裂冰澌。』東坡詩：『耐寒石硯欲生冰。』山谷詩：『然薪裂凍硯。』唐子西詩：『凍硯筆鋒遲。』後山詩：『凍硯欲生塵。』亦多言硯凍。

顔斐爲寒炙硯。魚豢《典略》。薛宣令人納薪以炙筆硯。

洗硯用蓮蓬或皂莢，清水，半夏切平，去滯墨。《紙損硯》。

硯用則貯水，畢則乾之。久浸不乾，不發墨。水宜取新，護塵〔九〕，忌用煎煮之水。李陽冰〔一〇〕。唐人詩『閑几硯中窺水淺』是此意。

滌硯不可用湯。

硯不自滌，書皆不成。米《史》。山谷詩：『汲井滌敗墨，蒼珪謝磨鐫。』荆公詩：『久霾山霧看猶濕，一取春波洗更鮮。』蘇養直詩：『晚喜此士來相親，呼童汲澗濯玄雲。』孫志康詩：『端溪紫玉試自滌，磨動玄雲驅霹靂。』

硯　説

漢張彭祖與上同硯席，薛宣筆硯皆爲設方略，前人謂硯字始見於此。似孫按：《太公金匱》硯之書曰：『石墨相著而黑，邪心讒言無得汙白。』硯已見於此。

石滑謂之硯，硯字從石見。《説文》。

硯者，研也，研墨使和濡也。劉熙《釋名》。

硯者，墨之器。《開元文字》。似孫按：《禮記》『史載筆』注曰：『筆謂書具之屬。』墨硯亦可用。

筆以硯爲城池。《筆陣圖》。

研墨用直硯爲上，乃見真色，不攪墨。若圓硯磨，則假借重勢，往來有風，雖助顔色，失墨之真。晁氏《墨經》。

硯有積墨，乃見古舊。張仲素《墨池賦》曰：『苟變地而盡墨，知功積而藝成。』又曰：『變此黛色，涵乎碧虚。』形容積墨妙矣。王嵩嶨《夫子硯賦》：『旁積垂露。』亦有積墨意。

筆硯精良，人生一樂。蘇子美。

硯取浮津〔一一〕輝墨者。《墨藪》。齊己墨詩：『正色浮端硯，精光動蜀牋。』山谷『松煙泛硯肥』乃此意。

硯受墨點之隨筆走動而不著，謂之發墨。蔡《帖》。

䙝墨硯又云：端非下巖，宜筆䙝墨。數字一磨，如騎鈍馬數步一鞭。瓦硯如騎驢也。《東坡雜說》。石林云：『䙝墨硯磨不黑，滯筆墨，如以病自剩員，御之鈍馬。

墨粗謂之打硯，墨細謂之入硯。晁氏《墨經》。

石性堅膩如玉，扣之聲清，潤澤無瑕，端之大槩〔一二〕。蔡《帖》。

端石無星入用，餘不足道。蔡《帖》。

端石瑩潤，鋌者尤發墨。歙石多鋌膩理者特佳。物奇者必異其類。歐《譜》。

紫石以不耗水位佳。歐公。

石色紫而微青，潤澤無鋌，叩之無聲，近水者也；色微紫不深重，視之有鋌，叩之有聲，不近水者也。唐《録》。

端石類多溪石，罕有巖石。紫而頳者，溪石也。巖石自國朝以來竭矣，山趾在水中，没而鑿僅得焉，水益深，人多壓溺，故巖石爲貴。李方叔。東坡詩：『溪石琢馬肝。』

卓公圓端，無出其右。滑如玉，發墨無倫。王定國欲以絹書司馬錬賦易，不許。米《帖》。

皮日休詩：『樣如金蹙小能輕，微潤將融紫玉英。』朱新仲詩：『端溪有石紫玉英。』

秦少游銘：『溪之精，石之靈。紫雲氣，涵明星。』

唐中世以前未盡以石爲硯，端溪後出，未甚貴。晉宋間往往以器貯墨汁，不在磨墨也。《石林避暑録》。

色如猪肝、蒲萄，瑩徹可鑑，粹然紫琳腴。《容齋硯跋》。

水中石青，山半石紫，絶頂者尤潤，猪肝色者佳。蘇《譜》。

端溪中草芊芊可愛。既琢，用草護之，無損。

古　硯

徐東湖詩：『古来石可硯。』汪彦章《硯銘》：『方流珍，太古色。』石之古者是可尚也。

夫子硯

孔子廟石硯製作甚樸古，夫子平生物。伍緝之《北征記》。梁庾肩吾《謝賚銅筆格啟》曰：『煙磨青石，以踐孔子之壇。』唐王嵩嶀《孔子硯賦》曰：『旁積垂露，中含偃波。』此八字形容甚妙。劉禹錫詩：『闕里廟中空舊物。』李賀詩：『孔硯寬頑何足云。』

右軍硯

石夷叟〔一三〕家右軍古鳳池，紫石心凹，所謂硯『瓦如篇筆，涉水即圓』。

山陰老叟稱右軍後持一硯，長尺，色赤，風字樣，云『右軍所用石』。楊休得之。

王獻之硯

山陰人闢土得斷塼一硯於[一四]黄閍，塼乃王獻之保母墓志，云：『殉以曲水小硯。』硯大如掌，池如曲水，黑而潤，底刻『晋獻之』，旁刻『永和』。

智永硯

晋硯一，智永硯一，心皆如凹。

李商隱硯

杜季陽端石蟾蜍硯，篆『玉溪生山房』，李商隱硯也。又子瞻題銘：『蟾蜍爬沙到月窟，隱蔽光明入巖穴。琢磨黝赬出尤物，雕龍淵懿傾澥渤。』

許敬宗硯

杜叔元藏許敬宗硯。後官杭，漁人於浙江網一銅匣，鑄許敬宗硯，兩方足，匣有容足處，即敬宗物。叔元子遺孫莘老，莘老憎其人，求得之，端石也，潤如玉，殺墨如風，微窪，真四百餘年物。匣在唐諲處，當合。《東坡雜説》。

李德裕硯

李衛公多硯，妙絶者曰『結隣』，言與硯爲隣。

柳公權硯

柳公權所寳惟硯，自扃鎖[一五]之。《玉壺清話》。

唐魯望硯

蘇　軾[一六]

噫！先生隱唐，餘是器寳。出叢書。

姚合硯

僻性愛古物，終歲求不獲。昨朝得古硯，黄河灘之側。波瀾所激觸，背面生罅隙。質狀樸且醜，今人作不得。

李士衡硯劉涇州所得

劉原父

李侯寳硯劉侯得，上有刺史李元刻。云是天寳八年冬，端州東溪靈卵石。我語二客此不然，天寳稱載不稱年。刺史〔一七〕爲守州爲郡，此獨云爾奚所傳。兩君盧胡爲絶倒，嗟爾於人幾何寳。萬事售僞必眩真，此固區區無足道。

楊文公硯

黄魯直〔一八〕

公無恙時，於此翰墨。其作也，萬物受澤；其不作也，羣公動色。至於破塵出經，萬物昭明，公不如石之壽，石朽而公不朽。

丁晋公硯

丁晋公宅光州，臨終，以一篋寄郡，題『五十五年姓丁人來作通判，分付開之』。至是歲，丁僑來，即公之孫。發篋，一匣貯大端硯，上小竅覆以棋子，揭之，水一泓流出。

晏元獻公硯

晏元獻夫人，王超女。元獻有古硯，王氏舊物也，號『傳壻硯』。元獻壻富鄭公，鄭公壻馮文簡，文簡孫壻朱聖子，聖子壻滕子濟，俱爲執政。硯今藏滕氏。朱之孫女適洪景嚴，又登二府，盛事也。《揮麈録》。

張鄧公硯

王鞏得其外祖張鄧公硯，求銘於東坡，曰：『鄧公之硯，魏公之孫。允也其物，展也其人。』

蘇魏公硯

蘇魏公守杭，梁況之倅鄞過蘇公，一見異之。既別，遺以硯，曰：『爲異日玉堂用。』元祐七年，梁草蘇公拜右相麻，所用乃蘇公硯。《却掃編》。是日梁拜右丞。

二蘇賢良硯

蘇叔黨[一九]

先君與叔父試制策，各攜一端硯。外孫文驥得其一，過藏其一，名賢良硯。兩翁出蜀時，不攜一束書。揭[二〇]來奉大對，昧死排姦諛。諫官與御史，鉗口慙青蒲。翁登鑾臺上玉堂，論思獻納在帝旁。居夷渡海不汝置，險阻艱難曾備嘗。趙承之《賢良硯詩》：『不見東坡老弟昆，年年曲阜履猶存。計功何必悲周鼎，會使詞林百怪奔。』

王平甫硯

蘇軾

玉德金聲，而寓於斯。中和所薰，不水而滋。正直所冰，不寒而澌。

東坡硯

荆公過東坡，有硯，愛之，曰：『當集句以賦唱。』曰：『巧匠鑿山骨久之。』不成篇，命駕去。

唐子西硯

筆之壽日，墨之壽月，硯之壽世，何也？ 硯静也。 吾得養生焉。 以鈍爲體，以静爲用，唯其然，是以永年。

延和硯

唐彦猷得侯宗亮古硯，刻『延和』二字，形外方，水池内圓，不加鐫鑿，青紫色。

玉堂端硯

蘇養直

虞純中硯薄脣斗池，背數星雲襲之，古玉堂硯。 銘曰：『琢山骨，維端溪。 星晳晳，雲襲之。 懸絶壁，下斗池。』

李元時端硯

李元時古端硯，廣踰咫，厚二寸，栗澤芒潤，具端石之美，琢製甚質。 容水處深而底平，非邇來所作。李方叔。

玉堂大硯

文與可赴陜，孫洙贈玉堂大硯，東坡銘：『陂陀瀰漫，天闊海淺。巨源之硯，淋漓蕩潏。神没鬼出，與可之筆。』

中興祕閣硯

祕閣硯，高宗御押鄭亨仲詩：『石渠東觀天尺五，右文儲硯一百九。』今所見七十五耳。

詩

詩銘瑣瑣者不書。

涵星硯詩

又詩：『呼童净洗涵星硯。』

苏軾

紫潭出玄雲，翳我潭中星。獨有潭上月，倒挂紫翠屏。

紫花硯詩

鄭毅夫

耕得紫玻瓈，鑿成天馬蹄。潤應通月窟，洗合就雲溪。

端硯詩　陳無己

王家舊物輩偷後，石出蠻溪石文深。揮翰吾非玉堂手，斷金君有古人心。

端硯詩寇十一惠　陳無己

端溪四山下龍淵，鬱積中州清淑氣。金聲玉骨石爲容，河江屈流雲作使。滑如女膚色馬肝，探頷適遭龍伯睡。轆轤挽出萬人負〔二二〕，千歲之藏一朝致。書生活計亦酸寒，斷塼半瓦寧求備。似憐陶瓦磨竈煤，輟誦不減前人志。

端硯詩　李　樸

巖石凝清粹，端然絶世珍。聲清輕楚玉，色潤勝燕珉。

端溪大硯詩　謝無逸

琢琱山骨奇，磨礲發光炯。體潤〔二三〕雲氣生，寒泉洌幽井。

端硯詩贈王欲　陶商翁

端石如池狀，潤疑雲雨通。粗官不識字，好去伴詩翁。

端硯詩曾徽言　張彦實

君家文房珍，尤者一一數。端溪從誰得，不記歲月古。中窪削天成，外鑿餘雷斧。向來萑葦中，險作百碎補。

硯　詩沈商卿　鄭亨仲

眼明見此超萬古，色如馬肝涵玉質。白圭之玷尚可磨，澀不拒筆滑留墨。

硯　詩范達夫　鄭亨仲

范郎紫玉餘半圭，翻手作雲雨雹隨。龍蛇起陸孔翠飛，雲收雨霽千首詩。

端硯詩　朱新仲

巧匠摩雲斲山骨，媪神拱手不敢惜。因隆作防窪作池，以金爲聲玉爲質。

銘

胡文恭公硯銘　晁無咎

天不愛道生異人，地不愛寶物斯珍。

端硯銘　蘇軾

千夫挽綆，百夫運斤。篝火下縋，以出斯珍。一嘘而泣，歲久愈新。誰其似之，我懷斯人。

端硯銘　蘇養直

我友三益，取谿之石。與墨爲入，玉靈之食。與水爲出，陰鑑之液。匪以玩物，維以觀德。

硯銘　蘇迨

有盡石，無已求。生陰壑，閟重湫。得之艱，豈易投。旌苦學，畀長頭。

硯銘　蘇邁

以此進道常若渴，以此求進常若驚。以此治財常思予，以此書獄常思生。

硯銘　蘇邁

置之冰凝，凄然其似秋；嘘之露泫，熙然其似春。唯有德以自潤，能不言而治人。

端溪硯銘　晁無咎

倏忽相遇，雲翔雨驅。似神而非，以茁萬殊。

端石硯銘李元時　李元叔

非玄非赤，茫粟以澤。宜筆與墨，與手相得。

端硯銘序曰：孟仁威端石〔三〕如曉日彤霞，天下至寶。　王性之

下巖星殞，彤霞爛然。呵嘘餘潤，雲液神泉。

校勘記

〔一〕「際」，楝亭本作「除」。

〔二〕楝亭本作「半邊石巖」。

〔三〕此句楝亭本作「類下巖、中巖南壁，眼多暈少」。按《緯略》卷十二「硯巖」條有「半邊山者，半邊石山，諸巖石色灰青，與下巖南壁石、中巖南壁石相類，但眼暈少耳」，與楝亭本合。

〔四〕「蛙」，楝亭本作「蛇」。

〔五〕楝亭本無「山」字。

〔六〕「山」，楝亭本作「石」。

〔七〕楝亭本無「若」字。

〔八〕「比」，楝亭本作「此」。

〔九〕「護塵」二字據楝亭本補。按蘇易簡《文房四譜・硯譜》作「密護塵」。

〔一〇〕「李陽冰」三字據楝亭本補。又下「唐人」二字楝亭本作「李白」，按此詩句《全唐詩》作鄭谷詩。

〔一一〕「津」，楝亭本作「精」。

〔一二〕陸心源云「卷一《硯説》『端之大槩』後『晋宋間』前」缺一頁十八行，今據《群書校補》補。

〔一三〕「叟」，原作「庚」，據楝亭本改。

〔一四〕「於」，楝亭本作「干」。

〔一五〕「鎖」，楝亭本作「鐍」。

〔一六〕楝亭本作「蘇東坡」，以下不再出校。按此爲蘇軾所作《唐陸魯望硯銘》節録。

〔一七〕『史』，原作『之』，據楝亭本、劉敞《公是集》卷十八改。

〔一八〕楝亭本無作者。

〔一九〕楝亭本無作者。

〔二〇〕『揭』，楝亭本作『竭』。

〔二一〕『負』，楝亭本作『賀』。按《後山集》亦作『負』。

〔二二〕『潤』，楝亭本作『認』。

〔二三〕『石』，楝亭本作『不』。

硯箋卷二

歙　山

歙百八十里至西坑[一]口，入山三十里至羅紋山，皆山谷林莽鳥道。婺源大路三十里過溪，大嶺重複，九十里至羅紋山。

龍尾山

龍尾山在婺源東南。開元中獵人葉氏逐獸至長城，見疊石瑩潔，攜歸，刊成硯，温潤過端溪。持獻令，令訪匠琢爲硯。南唐元宗時，歙守獻硯，薦工李少微擢硯官。《新安志》。

龍尾山古坑無石，他山皆龍尾支脉，謂之龍尾坑，延蔓百餘里，取不竭。《歙硯譜》。

羅紋山

羅紋山亦曰芙蓉溪，十餘坑蔓延百里。山沿溪，溪中殊無石，好事者相傳，乃曰水中石。《歙硯譜》。

羅紋舊坑在寨頭，即錢仙芝訪南唐採石故坑。

羅紋上坑色微重，中坑色微淡，下坑泥漿石。

羅紋坑在眉子坑東，羅紋裏坑在羅紋山後，金星坑在羅紋西北，並李氏發。

祈門細羅紋理慢不堅，色淡易乾，能亂真。並《歙硯譜》。

眉子坑

眉子坑在羅紋山西，從溪至坑十餘丈。坑無土，深丈餘，闊二三尺，開元中發。《歙硯譜》。

金星坑

金星坑在羅紋山西北。

碧裏坑

碧裏坑在濟山上〔二〕，坑色青瑩，半里有水步石，大雨點〔三〕。石十里外有裏山，石青細，有金紋花，暈狀不常。

水舷坑

水舷坑在眉子坑外，冬涸可取，丈餘至石，多金花眉子。

水蕨坑

水蕨坑在羅紋山西北，景祐中發石如浪紋，今不可得。

溪頭坑

溪頭坑在金星坑北，金星粗〔四〕慢。

葉九坑

葉九坑在溪頭西，有眉子石，紋粗慢。

驢　坑

驢坑在縣西北，景祐中令曹平取之，守王君玉又取之，嘉祐中尉刁璆取之，石青緑暈。今不復出。《歙硯説》。

濟源坑

濟源坑與碧裹坑、水步三坑並列。

靈巖山

靈巖山三洞相連，璞少瑕多，燥慢，瑩者擬端溪。

麻石

麻石中隱硯材數寸，猶玉在璞。在溪澗中，冬涸可取。

石品

龍尾石

龍尾石産水中，極温潤，性堅密，聲清越婉若玉，與他石不同。色有蒼黑者、青碧者。《歙硯説》。

龍尾石最多種。唐《録》。

龍尾石，端溪之亞。《歙硯説》。

龍尾水心石緑紺如玉，入用。蔡《記》。

江南故老云：李後主所用龍尾石爲天下冠。唐《録》。張文潛《試墨》詩：『夜静冰窗净絶塵，硯寒龍尾縠紋生。』澄江清淺汀洲静，忽有蒼螭下起雲。』洪龜父《試朱瑾墨》詩：『贈我麝煤如黑玉，爲君龍尾濯清秋。』崔德符《硯銘》：『探星源，藏龍尾。錯光芒[五]，散煙起。』

羅紋石

粗羅紋、烏釘角、浪算子之品不録。

細羅紋最温潤。

古犀羅紋

石心羅紋

金暈羅紋數重如畫。

絞絲羅紋

松紋羅紋

暗細羅紋青黑不露。

瓜子羅紋狹如瓜子。

金星羅紋點如星，細如眉。

金花羅紋花如銷金。

刷絲羅紋

卵石羅紋

細羅紋如羅縠，色青，緊密堅重，瑩無瑕璺，硯之奇也。東坡銘：『萋萋兮霧縠石。』又曰：『瓜膚而縠理，金聲而玉質。』陳舜俞詩：『潤含蒼璧隱青羅。』陳了翁詩：『輕絲膩色恍莫分，熟視乃有青羅紋。』蘇養直詩：『江南溪工琢溪玉，凄風瑟瑟江作縠。』吕居仁詩：『歙溪孕石成縠紋。』林子來詩：『瑟瑟方池霧縠紋。』

細羅紋無星爲上。米《史》。

羅紋若瓜子紋最佳，出水波坑，幸而得，不可期。《硯説》。東坡詩所謂「瓜膚」，鄭亨仲《硯記》云：「敗墻下得一折足硯，紋如瓜子，殆是百年物。」

粗羅紋理不疎、細羅紋石不嫩者佳。

裏山羅紋金星疎慢，外山羅紋似細羅紋，稍粗。

刷絲石

刷絲文理分明，無羅紋。《歙硯譜》。

刷絲紋理疎，易於摩墨。《歙硯譜》。

刷後有何名？硯在細絲上。米元章《與薛道祖帖》。

刷絲硯詩

汪彦章

冰蠶吐繭抽銀色，仙女鳴機號月窟。故令玉質傲松腴，萬縷秋毫添黼黻。又何滈《絲硯銘》：「斵山骨，南唐物。繭山盆，紋不没。」

眉子石

金花眉金花金暈。

金星眉眉疎，金星間之。

對眉遍地成對。

短眉短密而勻。

長眉長如眉，差大。

簇眉

闊眉

金眉

雁湖眉心暈如池，密如雁集。

錦鼈眉橫如眉，有金暈。

菉豆眉石黑斑内有短密眉。

鱔肚眉眉疎而勻，金暈金星。

眉子色青或紫，短者簇者如卧蠶，犀紋，長者闊者如虒紋、松紋，其雁湖、攢與、對眉最精絶。《硯説》。劉忠肅詩：『蛾眉隱纖直。』

眉子石硯歌

蘇　軾

君不見成都畫手開十眉，横雲却月争新奇。游人指點小〔六〕顰處，中有漁陽胡馬嘶。又不見王孫青瑣横雙碧，腸斷浮空遠山色。書生性命何足論，坐費千金買消渴。爾來喪亂愁天公，謫向君家書硯中。小窗虚幌相嫵媚，令君曉夢生春紅。毗耶居士談空處，結習已空花不住。試教天女爲磨鉛，千偈瀾飜無一語。李方叔《以古畫觀音易眉子石硯》詩云：『憶昔翰林蘇謫仙，溪藤寫贈眉子篇。』注云：『先生頃於南京，嘗寫此篇贈予。』

子石東坡詩：『子石如琢玉。』

劍易張幾仲龍尾子石硯詩

蘇軾

我家銅劍如赤蛇，君家石硯蒼璧橢[七]而窪。君持我劍向何許，大明宫裏玉佩鳴衝牙。我得君硯亦何用，雪堂窗下《爾雅》箋。蟲鰕二物與人初不異，飄落高下隨風花[八]。蒯緱玉具皆外物，視草草《玄》無等差。君不見秦趙城易璧，指圖睨柱相矜誇。又不見二生妾换馬，驕鳴啜泣思其家。不如無情兩相與，永以爲好譬之桃李與瓊華。東坡云：『僕少時好書畫筆硯之類，如好聲色。壯大漸知自笑，至老無復此病。昨日見張君卵石硯，輒復萌此意，卒以劍易之。既得之，亦復何益，乃知習氣難盡除也。』

卵硯銘

蘇軾

東坡硯，龍尾石。開鵠[九]卵，見蒼璧。與居士同出入，更險夷無燥濕。

子石硯詩

崔德符

石家有兒玉含晶，噓爲雲氣吸爲晴。純精與之相感并，孕育萬狀流千名。黄昏鬼泣[一〇]

不忍聽，且爲白鵝了黄庭。

棗心石

棗心兩頭尖如棗核，又如晴晝微風清沼漣漪。《歙硯譜》。

棗心青潤，有小斑紋，皆乾坑石。微燥，失之頑。《歙硯譜》。

星　石

荆公《七星硯》詩：『予聞星墮地，往往化爲石。石上有七星，此理予莫測。』晁無咎《七星硯銘》：『如天其蒼匪正色，杓擕魁枕森的皪。廣野成宫象所積，古媧擣練疑此石。』又銘：『天雲而星兩斜横，有河漢象從石生。』

緑　石

暈有星斗雲霞、仙人鴛鶴魚雁之狀。東坡詩：『皎皎穿雲月。』陳舜俞詩：『石間圓影疊金波。』是其狀也。

趙光弼硯緑如袍，點如紫金斑，斑匀布，無羅紋。米《史》。

製法

庚元亮帖云：『奉告硯令作之，用作字良佳。』

硯成，塗蠟與石相益，便於洗濯不惹墨漬。初使塗以薑汁，研即着墨。今人多云以蠟滅墨，非也。《歙硯譜》。

攻琢貴精，治不盡工。佳石亦如常硯，每得石以鐵擊之，候其音清圓〔一一〕，乃攻治。須令人捧或内稻穀中，欲其不實也。《歙硯説》。

攻琢龍尾，石心貯水處圓轉如渦漩可愛。蘇氏《譜》。貫休硯詩：『低心蒙潤久，入匣更身安。』古人硯心多渦也。張彦實端硯詩：『中窪隱天成，外削餘雷斧。』

石瑕

石以瑩净爲先，稍有痕皆非貴。

石黯類雞迹　烏肫若肉脞〔一二〕　隔路如蚓跡

浪痕如帛紋　贅子若豆　搭線斜紋斷裂

硬線起處隱手〔一三〕，名工不能礪平

斷紋兩不相着

石孔石之膚　　黄爛土中石皮

硯說

龍尾谿石，堅勁發墨，金星爲貴。石理微粗，手摩之索索有鋒鋩者尤佳，在端谿上。端谿以北巖爲上，龍尾以深谿爲上。較其優劣，龍尾遠出端谿上。歐《譜》。

歙石多鋩，惟膩理者特佳。

龍尾至精者，可次端石。蔡《帖》。

麄羅紋稍細者易磨墨，細羅紋稍堅者最發墨。或以易磨爲發墨，非也。蔡君謨論墨在硯隨筆旋轉，滌之泮然，此乃石堅潤，能發起，不滯於硯耳。

龍尾石得墨遲久不燥，羅紋石起墨過龍尾。蔡《記》。

羅紋金星，蛾眉堅密温潤，天將雨，水脉自生，斯可寶者。蔡《記》。鄭亨仲詩：『一寸玄雲萬斛泉。』蓋此意。

龍尾多種，性堅密，叩之有聲，蒼黑色，淺深不一。有石文，圓轉徑三寸餘當硯中，謂之『硯臺』。緑色而黑文横，其文纖長如眉，雜以金星，曰『蛾眉石』。

石之材，尺者殊少，獨歙石有一二尺材，最可愛者。每用墨滌之，泮然不復留漬，是過端石。唐《録》。

龍尾石硯求之江南，故老云：後主留意翰墨，貴之。劉貢父詩：『六朝文物江南多。』景祐中，錢仙芝守歙，得李氏取石處大溪，水深不可入，改流别道方可得。人病其須索，復溪如初，石中絶。後邑官〔一四〕仍改溪流遵故道，所得盡佳石。唐《録》。

蔡君謨《辨歙硯》詩：『玉質純蒼理緻明，鋒鋩都盡墨無聲。』東坡《歙硯解嘲》：『君看龍尾豈石材，玉德金聲寓於石。』

歙硯久無良材，羅紋眉子不復見。龍尾石拒墨，歐陽公推歙石在端石上，世不然之。《石林避暑録》。

歙石細者肌理如絲縠，如涵星泓，如眉，有稜，四壁𡍩𡍩削成，類粹玉蒼璧。容齋《譜跋》。

舊硯

歐公硯得之王原叔，江南故老見之曰：『故國物。』歐《譜》。

余家歙硯，識吴順義元年處士汪少微銘：『松操凝煙，楮英鋪雪。毫穎如飛，人間五絶。』所頌者三物，硯與少微爲五耶？《苕溪詩話》〔一五〕。安鴻漸《題楊凝式字》詩：『端州石硯宣城管，王屋松煙紫兔毫。更得楊君老書札，人間無此五般高。』或用此體，但兩次言筆耳。米元章詩：『陶泓毛穎陳元筆，同日聲名四海飛。獨有先生索高價，誰人來獻洛陽歸。』亦此意。

曇秀龍尾石硯，所謂『澀不留筆，滑不拒墨』者，製以拱璧闕月爲池，蔣希魯舊物。坡《説》。

段君璵風硯，刻『祥符己酉得於鈆山觀音院，名僧令休手琢』。錢希白題榜，刻『荒靈』二字，歙之美者。坡《説》。

翰林葉道卿硯，色淡青，如秋雨新霽，遠望暮天，表裏瑩潔，無紋理，石之美者。得於歙，今不復有。唐《録》。東坡《歙硯解嘲》詩：『碧天照水風吹雲，明窗大几清無塵。』鄒道鄉詩：『我有歙州䨜玉石，琢成高秋遠天碧。』

周昌謌硯，青羅紋，一星金紫，色如鵝眼，硯最奇。米氏。

一士家金絲羅紋，半金半黑，光彩異常。米氏。

殿丞崔岷硯，金線環匝，池中有金魚，心有金雲。唐《録》。

校理錢仙芝二硯：一中有金月，下有雲翼之；一有金斗星，二雲左右之。色頗青。唐《録》。

涵星龍尾石風硯二足，琢甚薄，得之黄成伯。成伯嗜硯，官婺源，顧視一老工，工贐硯云：『此石歲不十數，用之久不漬墨如新。』何薳《春渚紀聞》。

詩

詩各附硯品，瑣瑣者不録。

歙硯詩

趙　抃[一六]

多謝君詩重見珍，硯從黟水濯來新。持當夏晝南窗下，玉發光暉冷照人。

歙硯詩 求硯於王監利。

君家歙溪邊，自採歙溪石。刓磨清泉根，刳斬紫虬脊。羅紋洗瑩緻，鵝眉隱纖直。叩聲清而長，觸手生汗液。

龍尾石硯詩 寄猶子遠。　蘇　軾

皎皎穿雲月，青青出水荷。文章工點黐，忠義老硯磨。偉節何須怒，寬饒要少和。吾衰此無用，寄與小東坡。

歙硯詩　林子來

瑟瑟方池霧縠紋，麝煙初散墨花春。晴窗晝静桐陰轉，筆下雲生字入神。

歙硯詩　陳了翁

歙溪澄湛千尋碧，中有崎嵚萬年石。腰粗入水始能鑿，一硯〔一七〕價直千金璧。輕絲膩色恍莫分，熟視微見青羅紋。乃知金線鴝鵒眼，如玉有瑕安足論。

銘

硯　銘

徐　鉉

它山之石，是斵是治。荆藍表潤，雲霧含滋。

章聖黼硯銘

蘇　軾

龍尾黼硯，章聖所御。賜外戚劉氏，臣軾得之遺臣宗孟。銘：黟歙之珍，匪斯石也。黼形而縠理，金聲而玉色也。雲蒸露湛，祥符之澤也。

龍尾月硯銘

蘇　軾

萋萋兮霧縠石，宛宛兮黑白月。其受水者哉生明，而運墨者旁死魄。照千古其如在，耿此月之不没。

龍尾硯銘孔毅甫〔一八〕

蘇　軾

澀不留筆，滑不拒墨。瓜膚而縠理，金聲而玉德。厚而堅，足以閲人於古今；樸而重，不能隨人以南北。

歙硯銘孔方平　李方叔

黝之泓，縝以滋。廣《離騷》，補正《詩》。

折足硯銘刁季益　蘇養直

黟歙之珍，擢於深谷。刖而不辱，習鑿齒之足。

歙硯銘董天仕　汪彦章

圜其中，蒼璧堕。窊其前，初月破。法真泉，如炙輠。爲曜仙，零寶唾。

歙硯銘莊德邁　汪彦章〔一九〕

斵兹山骨，以發天液。縠理漪紋，金聲玉質。

歙硯銘

非端溪，温潤而漪紋；非銅雀，斷殘而古色。

校勘記

〔一〕『坑』，楝亭本作『�』。

〔二〕『濟山上』，楝亭本作『在濟源』，下有『坑』字。按《歙硯説》同四庫本。

〔三〕此下四庫本有『白暈』二字而無『石』字。據楝亭本、《歙硯説》改。

〔四〕『粗』，楝亭本作『虚』。

〔五〕『芒』，楝亭本作『茫』。

〔六〕『小』，楝亭本作『淺』，按《東坡全集》卷十四同四庫本。

〔七〕『石硯蒼璧橢』，楝亭本作『蒼璧精』。按《東坡全集》卷十四同四庫本。

〔八〕『花』，楝亭本作『光』。按《東坡全集》卷十四同四庫本。

〔九〕『鵠』，楝亭本作『鵲』。按《東坡全集》卷十四同四庫本。

〔一〇〕『泣』，楝亭本作『哭』。按《宋詩紀事》卷三十二引同四庫本。

〔一一〕『以鐵擊之候其音清圓』數字，楝亭本作『擊候』。

〔一二〕『脞』，楝亭本作『胜』。

〔一三〕『起處隱手』，楝亭本作『起處隱於』，且無下句。

〔一四〕楝亭本無『後邑官』三字。

〔一五〕楝亭本作『《東坡雜説》』。

〔一六〕楝亭本作『趙清獻』。

〔一七〕『硯』，楝亭本作『視』。

〔一八〕『甫』，楝亭本作『夫』。

〔一九〕據楝亭本補。按下首《歙硯銘》亦爲汪作。

硯箋卷三

玉硯

黄帝治玉爲墨海，篆『帝鴻氏之硯』。蘇《譜》。

天子以玉爲硯，取其不冰。《西京雜記》。

張亶夢海中樓閣金碧，琅珮者數百人，揖亶賦詩。硯碧玉色。《西清詩話》。

李元伯得玉材，琢硯，發墨可愛。唐《録》。章淵《閑居録》曰：『玉硯用墨處，不琢令滑。』

雍熙中，以玉硯賜錢王俶。《玉堂録》。

周世宗征淮南，先鋒劉重進得吴楊溥玉硯以獻。

貞元中，許商舟行湖中，青衣迎入一府，女郎請書《江海賦》，碧玉硯，銀水頗黎爲匣。東坡云：『許旌陽君玉硯。』〔一〕

玉於用墨處，不出光便有芒。常衮詩云：『宫硯玉蟾蜍』，意以玉爲之，若以爲硯滴，又何怪焉？李方叔。

黄玉硯如蒸栗。蔡《帖》。米《史》云：『成州栗玉硯堅不着墨。』養直《硯銘》：『色如蒸栗。玉之質。』

墨玉硯最爲奇物。蔡《帖》。

乾道中，范成大使金，伴使田皋好論器玩，云宣和玉硯在張浩家，已葬。《攬轡録》。

水精硯

水精硯用墨處不出光，發墨如歙。唐《録》。米元章云：『水精硯磨，墨汁入用。』

紅絲石硯 晁叔用詩：『銀鈎洒落挑花牋，牙床磨試紅絲硯。』

紅絲石紅黄相參，不甚深。理黄者絲紅，理紅者絲黄，其紋匀徹。石工蘇懷玉言州西四十里山，盤折而上五百餘步，有洞，狹容一人，洞前大石欹懸，石生於洞之兩壁，上下青赤石數重，中有紅黄石如絲。洞口絶壁有鐫字，唐中和年採石所記。蘇工得石四五寸，旋加磨治，文華緻，聲清越，墨膏浮泛，蒸濡如露，異於他石。一日，洞門石摧，遂絶。唐《録》。

紅絲宜銀匣，氣澤蒸濕，墨色不乾，冬易凍。並〔二〕《唐録》。

紅絲硯須飲水乃發墨。歐《譜》。

唐彦猷以紅絲石爲天下第一石，有脂脉，助墨光。蔡君謨。

紅絲發墨，謂勝端則過。東坡《與君謨帖》。

紅絲硯銘　汪彦章〔三〕

餐霞道士赤膚肌，隱然脉絡亂紅絲。千齡不敗堅且滋，誰其忍者斷厥尸。

蘊玉石硯

青州蘊玉石，理密聲清，青黑色，白點如弾，不着墨。米《史》。

紫金石硯

青州紫金石，理㸬不發墨，京東人用之。

紫金出臨朐，色紫，潤澤，發墨如端歙，姿殊下。唐《録》。

晚唐競取紫金石，芒潤清響，國初已乏，琢製不精，惟一鑾琢平耳。

紫金石與右軍硯無異，端唐出其下。米《帖》。

素石硯

宋高祖賜建平王景素石硯。《江淹集》。

黄石硯

茹孝標黄石硯，色不甚深，墨光可鑑，出新羅。唐《録》。

青石硯

青州青石，色理類歙，發墨。米《史》。

興平縣蔡子池穴深二百丈，石青堪硯。劉澄之《宋永初山川記》。

陸道士硯，圓首斧形，青色，光墨宜筆，唐以前物。《東坡雜説[四]》。

後主青石硯，墨池中黄石如弹丸，水常滿。既歸朝，陶穀見而異之，大不可持，乃取石弹丸去。後主曰：『此硯生水，他硯皆不可用。』索之良苦。陶碎之，有小魚跳死。無復潤澤。《類説》。

宋虞龢論吴興青石圓質滑而停墨。《高宗翰墨志》。

丹石硯

唐林夫遺丹石硯，粲然如芙蕖出水，殺墨宜筆。《唐氏譜》：『天下硯不如[五]兹石。』銘曰：『彤池紫淵，出日所浴。蒸爲赤霓，以貫暘谷。是生斯珍，非石非玉。』後元章以徐熙《牡丹圖》易唐林夫硯。

白石硯

蔡州白石硯理滑。米《史》。

鵲金硯

鵲金硯，奇物。蔡《帖》。

褐石硯

東州褐色石可硯。蔡《帖》。

西都會聖宫硯

會聖石在澗中，色紫如虢石，差硬。發墨，扣無聲。米《史》。

高麗硯

高麗硯堅密有聲，發墨，色青間白，有金星。米《史》。

僊石硯

浮蓋山僊壇洞有僊石硯。《皮日休集》。

汪藻浦城《浮蓋山僊石硯》詩：『天匠巧琢石，硯形圓帶方。點生毫筆潤，磨惹墨雲香。』

高常與客下天壇中，路獲硯石，似馬蹄，外稜孤聳，内發墨色。幽奇天然，疑神僊遺物。

金雀石硯

淄州金雀山有藴玉、金星二石，中硯。邵堯夫詩：『銅雀或常有，未常見金雀。金雀出何所？必出自靈嶽。翦斷白雲根，分破蒼岑角。水貯見温潤，墨發如瀺濯。』

金雀山石紺青，潤密，叩如金玉。用墨不逮歙。唐《録》。

金坑石硯

金坑礦石堅而發墨。歐《譜》。

鳳咮硯

延平石出水底，温瑩縝密，有玉之德。益墨色。《蘇魏公集》。又銘云：『石出延平，矩琢兹器。坳堂引水，晋圭去鋭。』

北苑鳳凰山下石，膚潤益墨。王頤始爲硯，東坡名之『鳳咮硯』。『帝規武夷作茶囿，山爲孤鳳翔且嗅。下集芝田琢瓊玖，玉乳金沙發靈竇。殘璋斷璧澤而黝，治爲書硯美無有。至珍驚世初莫售，黑眉黄眼争妍陋。蘇子一見名鳳咮，坐令龍尾羞牛後。』歙人病此言，後求硯於歙，歙人曰：『何不使鳳咮石？』作解嘲云：『君看龍尾豈石材，玉德金聲寓於石。』《東坡雜説》。

鳳凰咮潭中石，蒼墨，堅緻如玉。與筆墨宜。欒城。

黯淡石，聲堅清，磨久不得墨。米《史》。

東坡鳳咮蓋黯淡灘石。一出鹵水。去灘四十里，細潤不發墨。灘石宜墨，膚理不及鹵水。葉夢得又詩：『深知黯淡灘，流澤不待呵。揭來訪九淵，引綆出素波。』

洮石硯

石出臨洮。山谷。

洮河緑石，性腝，不起墨，不耐久磨。米《帖》。張文潛和山谷詩云：『明窗試墨吐秀潤，端溪歙州無此色。』晁無咎和山谷詩云：『洮州石貴雙趙璧，漢水鴨頭無此色。』楊信相詩：『但見洮州琢蛾緑，焉用歙溪眉子爲。』又晁無咎《洮硯銘》曰：『洮之崖鴨緑。』謝幼槃詩：『老松收煙琢元玉，可試洮州鴨頭緑。』

綠洮石硯詩 贈張文潛〔六〕。山谷詩又云：『久聞岷石鴨頭綠，可磨桂溪龍紋刀。』 黃魯直〔七〕

張文潛〔八〕贈君洮州綠，石含風漪能淬筆。鋒利如錐。

滉石硯

石理澀，可礪，深綠可愛。有波紋、小黑點，謂之『湔墨點』。緊者與墨鬭，慢者滲墨無光，佳者在洮石上。米《史》。

唐石硯

唐州紫石，色澤可愛。膩不發墨，人以爲端石。唐《録》。

唐石佳者與端石亂真，特以無眼辨之。

宿石硯

宿州樂石硯，潤膩發墨，無石脉。米《帖》。

絳石硯

絳州角石，色如牛角，有花浪，頑滑不發墨。歐《譜》。蔡《帖》云：「墨角有佳趣。」

淄石硯

淄石韞玉硯，發墨，損筆。

青金石青黑相混，少潤而發墨，與端歙上下。唐《録》。

淄川石門澗石青黑相錯，如雜銅屑，理極細密。范文正公居長白山，以爲硯，發墨類歙石。久則裂。《類苑》。

青金石青黑相參，點如銅屑，細密不堅，叩無聲。唐《録》。

淄州石理滑易乏，在建石之次。米《史》。似孫按：《寰宇記》曰淄州産長理石〔九〕。

登石硯

登州駞基島石色黑，羅紋金星，發墨類歙。唐《録》。

寧石硯

寧州歲貢硯十枚。《九域志》。

宣石硯

李白詩：『麻牋素絹排數箱，宣州石硯墨色光。』

明石硯

明州石硯石甚惼。米《帖》〔一〇〕。

瀘石硯

瀘川石硯，黯黑受墨。視萬歲〔一一〕中正砦白眉。山谷《銘》。

戎石硯

戎州試金石類淄石。

淮石硯

媧皇鍛鍊補天石，天完餘石人間擲。擲向淮山山下溪，千古萬古無人識。去年臘月溪水枯，奪得江頭數峰碧。野夫採得琢爲硯，形壅水流流若璧。楊次公《辟雍硯》詩。

萬石硯

萬州懸金崖石墨潤有銅屑，眼如豆，發墨，叩無聲。萬有磁洞石。米《帖》。曾伯衮詩：『山匠琢成磁洞硯，溪翁擣出浣花箋。』

夔石硯 陳了翁詩：『黑石巴山硯，魚鱗蜀客箋。』

夔石色黑，理乾，間有黑點如墨玉，發墨。米《史》。

中正砦石硯 山谷詩：『蠻溪大硯磨松煙。』

縝栗密緻，德也；礱而不琱，質也。生石之淵，中正砦蠻溪之別也。

歸石硯 劉原父詩：『巴巫之山足奇石，氣含秋雲如黛色。』

歸州，大沲江之一曲，石色緑，理少密緻。唐《録》。

大沲石青黑，理微㴜，發墨。峽人謂江水爲沲。

歸石有風濤象，滲墨無光，緑可愛。

柳石硯

龍壁下多秀石，可爲硯。柳文《柳州山水記》。

成石硯

成州栗亭石色青，銅點大如指，理慢，發墨。米《史》。

吉石硯

吉州永福石硯，色近紫，理㸯不潤。《硯録》。

永福縣紫石，狀類端之西坑，發墨過之。米《史》。

永嘉石硯

硯溪一源多石硯。《永嘉郡記》。

永嘉觀音石硯，比端溪尤良，潤微不及。《鄭剛中集》。

沅石硯 又有一石碧色，紋理如皺縠。

單煒以沅石硯遺吴琚，進重華宫。色紫，間有金痕，滑不宜墨。

灘哥石硯

神龍改元，天竺僧示灘哥石硯。王燮西人，習知西州，言灘哥石黳黑，在積石軍西。《淡〔一二〕巖居士集》。

黛陁石硯

劉貢父《黛陁石硯》詩：『一片蒼山石，遥憐巧匠心。能存辟雍法，宛是馬蹄金。氣奪秋雲濕，光涵墨海深。魚龍随醉筆，變化出幽涔。』

潭石硯

潭州谷山硯淡，青紋如亂絲，扣無聲，得墨快，有光。米《史》。

嶽麓硯

欒城《法光嶽麓硯》詩：『筆端無古亦無今，翰墨淋漓非世音。要知此物非他物，雲靄西山玉一尋。』

廬山硯

與潭州谷山同。米《史》。

太湖石硯

皮日休序曰：『處士魏不琢買黿頭山疊石硯，高不及二寸，其刃〔一三〕數百，謂太湖硯。』日休詩：『求於花石間，怪狀乃天然。中瑩五寸劒，外差千疊蓮。』陸龜蒙詩：『截石下秋灘，間窺四緒寛。繞爲千嶂遠，深置一潭寒。』王子年《拾遺記》曰：『吴郡有硯石山。』

石鐘山石硯

東坡《帖》：『米元章得山硯於湖口石鐘山側，甚奇。』

銅雀硯

瓦出銅雀臺，多斷折，間有全者，煮以歷青，發墨可用。好事者愛其古。唐《録》。欒城《銅雀硯銘》『石質金聲』，頗盡其妙。

銅雀瓦澄胡桃油埏，與衆瓦異。蘇《譜》。陶弼詩：『煉盡沙石滓，陶成金玉胚。』

相古瓦誠佳，然少真者。歐《録》。蘇《譜》云：『大名相等處作假瓦。』

徐鉉得銅雀瓦，注水試墨，即滲。鉉笑曰：『豈銅雀之渴乎？』《談苑》。李漢老詩：『魏宫歌舞久成塵，重見陶家幾世孫。銅雀不鳴唯解渴，管城何罪遽遭髠。』蓋用此。

銅雀硯以古見貴，色頗青，肉厚平瑩，多工姓氏隸古。蔡《帖》。陶商翁詩：『得自銅雀臺，收晚稜角摧。四方緑琉璃，一片青玫瑰。』

銅雀硯甚發墨，可使。米《史》。

鄴郡三臺舊瓦琢硯，勝澄泥。賈氏《談録》。

銅雀瓦驗有三：錫花、雷布、鮮疵是也。風雨雕鐫，不可僞。《晁氏客録》〔一四〕。予硯寮一硯，可八寸，青色錫花，製作渾古，墨坳如滲，踳駮尤甚。

先公在燕得瓦硯，長尺半，闊八寸，隸『建安十五年』。《隨筆》。

古瓦硯詩張殿院恵　晏元獻

鄴城宫殿久荒凉，縹瓦隨波出禁墻。誰約蘚文成古硯，等閑裁破碧鴛鴦。崔德符詩：『一從臺傾苑樹死，空餘飄瓦裁紋鴛。』劉原父詩：『當時鴛鴦夢，飛入魏宫來。崇構滅餘香，碧瓦空在哉。』

已恣玉鋒磨蘚骨，更持蟾淚濕雲根。欲知千載凄凉意，尚有昭陽夜雨痕。劉原父詩：『磨礲變新硯，洗刷滌古苔。』

古瓦硯詩　答章望之　韓　琦〔一五〕

魏宫之廢知幾春，昭陽殿瓦霾荒榛。蘚斑入骨尚乾翠，夜雨點漬痕如新。

古瓦硯歌　歐公詩又云：『我有銅雀方尺瓦。』　歐陽脩〔一六〕

巍然銅雀高岧岧，此瓦一墜埋蓬蒿。苔文半滅荒土蝕，誰使鐫鑱成凸凹。

古銅雀硯銘　東坡銘：『漳濱之植，陶氏我厄。受成不化，得反大宅。』　黄魯直

王文叔守洛，得銅雀瓦於深水，其子爲硯，歸魯直。銘：維曹氏西陵之陶瓦，其屋歌舞以除風雨，初不自期爲翰墨主。不有君子，長與甓爲伍。

漢祖廟瓦硯　定州漢祖廟上瓦。　梅聖俞

硯取漢廟瓦，誰恤漢廟隳。重古一如此，吾今對之悲。

灌嬰廟瓦硯

贛雩都灌嬰廟，左有池，得瓦可爲硯。予守郡，得刓闕兩角，重二十斤，瀋墨如潑，其色沛然正黄。《隨筆》。

東魏興和瓦硯 興和，静帝年號，距建安三百年。

先公得小瓦，簇花團，不逮銅雀。腹篆『東魏興和』。《隨筆》。

楚王廟塼硯

楚王廟塼可爲硯。《宜成驛記》。

古陶硯 鄭亨仲《硯記》云：『唐人所用皆陶。』

郭惟濟得陶器，體圓，色白，中虚，徑六七寸，酌水於輪。郭間隆起處磨墨，甚良，古硯也。《塵史》。

相陶在銅雀上，緑如春波，細滑着墨，微滲，不費筆。米《史》。

青州石末硯

青州石末第一，磨墨易冷。

青州石末受墨而費筆。蔡君謨。

公權論石末云：『墨易冷。』世莫曉其語。青州易得，無足珍。唐人作羯鼓鞚，豈硯材乎？《東坡雜説》。

公權記石末硯『墨易冷』，或爲冷石。堅磨，力兩剛相距必熱而沫，磨墨如病兒，貴其輕也。唐中世未甚知有端、歙，當是以瓦質不堅，磨墨無沫爾。《石林避暑録》。又云：『硯中沫起，取耳中塞一粟〔一七〕投之，一再磨，不復見。』

濰　硯

唐人稱濰州石末硯發墨粗，損筆。今青州擅名。歐《譜》。

濰州石末硯，公權謂青州石末硯。濰乃青北海縣。唐《録》。

磁　硯

梅聖俞《答王幾道遺磁泥古硯》詩：『澄泥叢臺泥，斷瓦鄴宮瓦。初從故人來，来自邯鄲下。』

虢　硯　附稠桑〔一八〕硯

虢州歲貢十硯。《通典》。蘇《譜》云：『虢貢鍾馗石硯。』未知鍾馗之由。

虢澄泥，唐人以爲第一。劉羲叟如譜法造之，絶佳，余得其二，一贈原甫，一置中書閣。今士大夫不學書，罕事筆硯，硯之見於時者惟此爾。歐公。

號石細紫可愛，發墨不滲，久漸凹。磨墨有泥香。米《史》。

元和初，叔祖宰號，山澗得一紫石，琢爲硯，名稠桑硯。李濟翁《資暇集》。

澄泥硯

澤州金道人澄泥硯，有『吕』字，堅緻可試墨。歐《譜》。王孜藏石硯，識者曰：『吕公造。』旁篆二方圈，玉色金聲，奇物。按孜稱高尚處士，字元甫。

澤陶硯以別色泥作『吕』字，内外透。米《史》。山谷《吕道人硯》詩：『校書天禄閣，藝竹老風煙。新書先舊物，包送比青氊。』陳簡齋《吕道人硯》詩：『君不見銅雀臺邊多事土，走上觚稜蔭歌舞。餘香分盡垢不除，却寄書林汙縑楮。豈知此瓦凝青膏，冷面不識姦雄曹。吕翁已去泫餘泣，通譜未許弘農陶。』

絳人囊泥汾水中，踰年陶爲硯，水不涸。《費氏談録》。硯法：以泥挼水貯器内，別甕貯清水，夾囊盛泥擺之。俟其細去水乾，入黄丹和，作模，擊之令至堅，竹刀刻作硯。蔭乾曝垛，以稻糠燒一伏時入〔一九〕墨蠟。貯米醋蒸五七度，含津益墨，亞於石。蘇氏《譜》。

缸　硯 欒城有賦。

蜀老以藥煮破缸爲硯。

銀硯

傅玄《硯賦》曰：『鍛金鐵以爲池。』

劉聰引帝入讌，從容謂曰〔二〇〕：『卿贈朕銀硯，憶否？』《十六國春秋》〔二一〕。

御物三十種，有純銀參帶硯一枚。《魏武雜物疏》。

鐵硯

青州熟鐵硯發墨。賈氏《談録》。

青州鐵硯，製作頗精。歐《譜》。

張華《博物志》：『成武帝賜青鐵硯，于闐所貴。』王子年《拾遺記》。

桑維翰鑄鐵硯，曰：『硯弊則改而他仕。』《五代史·傳》。陸龜蒙《石筆格賦》：『莫比巾箱之貴，堪齊鐵硯之高。』

洪崖先生歸河内，舍人劉守璋贈揚雄鐵硯。

銅硯

東魏孝静帝芝生銅硯。

米元章鑄生銅硯甚佳。李方叔《帖》。人曰：銅硯易研，敗筆。

蜯　硯

袁象贈庾易蜯硯。

漆　硯

皇太子初拜，有漆硯一枚。《東宫故事》。

金龜硯

山谷銘曰：『叔祖公溥得石溪滸，剖璞見龜，以薦書府。』有石刻，集中不載。

校勘記

〔一〕小字據楝亭本補。

〔二〕楝亭本无『並』字。

〔三〕作者名據楝亭本補。

〔四〕『説』，原作『記』，據楝亭本改。

〔五〕『如』，原作『知』，據楝亭本改。又此下楝亭本『銘』作大字而無『曰』字。

〔六〕此數小字楝亭本無。

〔七〕楝亭本作『黄山谷』。以下不再出校。

〔八〕原無『張文潛』三字，據楝亭本、《山谷集》卷三改。

〔九〕『石』字據楝亭本補。

〔一〇〕『米帖』二字原在行首，作大字。據楝亭本改。

〔一一〕『歲』，楝亭本作『崖』。

〔一二〕『淡』，楝亭本作『澹』。

〔一三〕『刃』，楝亭本作『仞』。

〔一四〕按當作《晁氏客語》，此語今見其書中。

〔一五〕楝亭本作『韓魏公』。

〔一六〕楝亭本作『歐陽公』。

〔一七〕『粟』，今本《石林避暑録》同，楝亭本誤作『栗』。

〔一八〕『稠桑』，楝亭本誤作『桑稠』。

〔一九〕『入』，楝亭本作『人』。按蘇易簡《文房四譜·硯譜》曰『以稻糠并黄牛糞攪之，而燒一復時，然後入墨蠟』。

〔二〇〕楝亭本作『上燕，謂劉聰曰』。

〔二一〕楝亭本作『蕭方等《三十國春秋》』。

硯箋卷四

賦

硯賦

傅玄

採陰山之潛璞，簡衆材之攸宜。節方圓以定形，鍛金鐵而爲池。設上下之剖判，配法象乎二儀。木貴其能軟，石美其潤堅。加采漆之膠固，合沖德之清玄。曾南豐《實録院謝賜紙筆硯表》曰『陰山堅石之璞』，用『堅』字，似未知石。傅玄賦曰『石美其潤堅』，蓋取此耶。

石硯賦

張少博

硯之施也備乎用，石之質也本乎山。温潤稱珍，騰異彩而玉色；追琢成器，發奇文而綺斑。蓋求伸於知己，爰待[一]用於君子。故立言之徒，載筆之史，將吮墨以濡翰，乃操觚而汲水。始爛爛以光徹，終霏霏而煙起。或外圓而若規，或中平而如砥。原夫匠石流盼，藻瑩生輝。龜負圖而乍伏，鵲銜[二]印以將飛。設之户庭，王充之名允著；置之藩溷，左思之用無違。

徒觀夫清光景耀，真質霜净，符彩華鮮，精明隱映。皎如之色，比藏冰之玉壺；焕然之文，狀吐菱之石鏡。當其山谷之側，沉冥未識，韞玉吐雲，懷珍隱德。及乎因人而拂拭，故能撫之類磬發奇音，對之若鏡開新色。既垂文以呈象，亦澄瀾而漬墨。硯之用也，詎可興歎。而焚石之堅然，孰謂有時而泐。斯可以正典謨之紀，垂篆籀之則者也。遂更播美六書，傳芳一妙。用之漢帝，嘗同彭祖之席；存之魯國，猶列宣尼之廟。是以遺文可述，兹器爰匹。匪銷匪鑠，良金安可比其剛；不磷不緇，美玉未足方其質。光鳥跡於青簡，發龜文於洪筆。則知創物作程，事與利并。兹硯也所以究墨之妙，窮筆之精者也。

夫子廟石硯賦

王嵩嶨

昔夫子有石硯焉。邈觀器用，宛無雕鐫。古石猶在，今人尚傳。從歎鳳兮何世，至獲麟兮幾年。世歷近王近霸，年止幾徂幾遷。任迴旋於几席，垂翰墨於韋編。時亦遠矣，物仍在焉，非聖人之休佑，安得兹而不捐？洎乎俗遠聖賢，教移齊魯，列廟以居，先師攸主。上熒熒以光徹，旁羃羃而色固。介爾堅貞，確乎規矩。昔有諸侯力政，周道無聞。嗟禮樂之仍闕，歎詩書之未分。聖人乃啓以褒貶，垂以典墳，必藉兹器，用成斯文。蓋石固而人往，亦事存乎硯云。至乃方質圓形，銅模龜首。雕飾爲用，陶甄可久。横綵煙而不絶，添渌水之常有。豈如石焉，斯爲不朽。昔偶宣父，厥容伊何。旁積垂露，中含偃波。時代遷移，去游夏而彌遠；日月逾邁，變炎凉之已多。别有逢掖書生，獻策東京。仰望先哲，攻文後成。叨秉筆以當問，愧含毫於頌聲。

石硯賦 山水暉映，墨妙筆精。

黎逢

有子墨客卿，從事於筆硯之間，學舊史之暇日，得美石於他山。琢而磨之，其滑如砥。欲研精而染翰，在虚中而貯水。水隨暈而環周，墨浮光而黛起。明而未融，是以爲用。久而不渝，故以爲美。成器尚古，徵闕里於素王；匠法增華，參會稽之内史。且王言惟一，道心惟微，於以幽贊，由之發揮。從人之欲，委質莫違。代若遐棄，文將疇依。肅觀光而霧集，賴設色而煙霏。實將振文而爲邦，豈惟藴玉而山輝者哉。君無謂一拳之石，取其堅；君無謂一勺之水，取其净。君其遂取，我有成性。苟有補於敷聞，固無辭於藴映。惟聖人有大寶，昊天有成命，莫不自我以載形，因我以施令，志前王之事業，作後人之龜鏡。夫物遷其常，天運不息。水有涸兮石有泐，代貴其不磷，我則受其堅；代貴其不染，我則受其黑。象山下之泉，爲天下之式。因碌碌於俗間，類栖栖於孔墨。嗚呼！辭尚體要，文當絶妙。雖濡翰其不疲，無煩文而取誚。然君子以其勁質，或升之堂，或入之室。對此大匠，厠諸鴻筆。見珍於殺青之晨，爲用於草玄之日。夫氣結爲石，物之至精；攻之爲硯，因用爲名。事若可久，代將作程。斯器也，不獨堅之爲貴，諒於人之有成。

硯賦

吴淑

採陰山之潛璞，琢圓池於壁水。成墨海於一紐〔三〕，侔夏鼎之三趾。選自斧柯，置之綈几。或採於吴都山下，或取於永嘉谿裏。若夫蓮葉馬蹄之狀，圓天方地之形，木則貴其能軟，玉則取其不冰。鴝曾聞於銜水，蟻或見於沈罾。滴蟾蜍之積潤，點鴝鵒之寒星。爾其郎官之様，鍾馗之製；甄后則以爲常用，宇文則不能久事；劉宏嘗接於晋武，彭祖曾同於宣帝；盧攜怒以相投，韓愈述其見瘞。至於梁武不珍於翔鳳，道支初得於浮槎；蟀貽庾易〔四〕，鐵遺洪崖。甑微茫之金線，重點滴之青花。亦聞稠桑美石，興平青色。筆連翰染，浮津輝墨。學時方俟於凍開，洗處常聞於水黑。張華以麟筆同賜，左慈以素琴並得。取端溪者，價重千金；出青州者，名標第一。或爲祖先而增感，或因雷霆而遽失。至於汾水精奇，墐泥妙絶。歙山既重於龍尾，西域但施於竹節。祕雀臺之滑膩，寶栗岡之潤潔。斯所以作城池於筆陣，非徒比石墨於讒説也。

古瓦硯賦

吴融

勿謂乎柔而無剛，土埏而爲瓦；勿謂乎廢而不用，瓦斷而爲硯。藏器蠖屈，逢時豹變。陶甄已往，含古色之幾年；磨瑩俄新，貯秋光之一片。厥初在冶，成象毁方；效姿論堅，等甓鬭縹。勝瓷人莫我知，是冬穴夏巢之日；形爲才役，乃上棟下宇之時。扶同杞梓，迴避茅茨。若乃臺號姑蘇，殿稱枍棤〔五〕，樓標十二之聳，閣起三重之麗，莫不瓴甋凝輝，鴛鴦疊勢，縫密如鏁，行疎若綴。銜來而月影重重，漏出而爐香細細。觚稜金爵，競託岧嶢。玉女胡人，争來睥睨。陵谷難定，松薪忽焉。朝歌有已秀之麥，咸陽有不滅之煙。是則縱横舊趾，散亂荒阡。風飄早落，雨滴仍穿。藏瀰迤之春蕪，耕牛脚下；照青熒之鬼火，戰骨堆邊。誰能識處，亦莫知年。何斯邂逅，見寵雕鐫。資乎有作，備我沈〔六〕硯。磬在水以羞浮，鐘因霜而謝響。玉滴一墮，松煙四上。山雞誤舞，澄明之石鏡當頭；織女疑來，清淺之銀河在掌。異哉！昔之藏歌蓋舞，庇日干霄。繁華幾代，零落一朝。委地而合隨塵土，依人而却伍瓊瑶。天禄石渠，和鉛即合〔七〕。風臺雪苑，落筆争邀。依依舊物，歷歷前朝。沈家令坐上迴看，能無淚下；江中書歸來偶見，得不魂銷。有以見古今推移，牢籠渺漫。成敗皆分，短長一貫。何樹春秋各千年，何花開落唯一旦？星隕地以爲石，盡滅光輝；雞升天而亦〔八〕僊，别生羽翰。異類猶然，浮生莫算。

歌詩

青花紫石硯歌

李　賀

端州石工巧如神，踏天磨刀割紫雲。傭刓抱水含滿唇，暗灑萇宏冷血痕。紗帷晝暖墨花春，輕漚漂沫松麝薰。乾膩薄重立脚匀，數寸秋光無日昏。圓毫促點聲清新，孔硯寬頑何足云。

寄鄭碏疊石硯歌　莊南傑

媧皇補天殘錦片，飛落人間爲石硯。孤峰削疊一尺雲，虎幹熊跪勢皆徧。半掬春泉澄淺清，洞天徹底寒泓泓。筆頭搶起松煙輕，龍蛇怒鬭秋雲生。我今得此以代耕，如探禹穴披崢嶸。披崢嶸，心骨驚，座中髣髴到蓬瀛。

硯　詩　楊師道

圓池類璧水，輕翰染煙華。將軍欲定遠，見棄不應賒。

硯　詩　李　嶠

左思裁賦日，王充作論年。光隨錦文發，形帶石巖圓。積潤循毫裏，開池小學前。君苗徒見爇，誰詠士衡篇。

殷十一贈栗岡硯詩　李　白

殷侯三玄士，贈我栗岡硯。灑染中山毫，光輝吴門練。天寒水不凍，日用心不倦。攜此臨墨池，還如對君面。

石硯詩　杜甫

崔德符《巨硯行》：『對此陂陀一大硯，可容十手磨松煙。』用杜句。

平公今詩伯，秀發吾所羨。奉使三峽中，長嘯得石硯。巨璞禹鑿餘，異狀君獨見。其滑乃波濤，其光或雷電。聯坳各盡墨，多水遞隱見。揮灑容數人，十手可對面。比公頭上冠，正質未爲賤。當公賦佳句，況得終清宴。公含起草姿，不遠明光殿。致於丹青地，知汝隨顧眄。

韓少尹贈硯詩　韋應物

故人在遐遠，留硯寵斯文。白水浮香墨，清池滿夏雲。念離心已永，感物思徒紛。未有桂陽使，裁書一報君。

紫石硯詩　劉禹錫

端溪石硯人間重，贈我應知正草玄。闕里廟中空舊物，開方竈下豈天然。玉蠩吐水霞光净，彩翰搖風絳錦鮮。此日傭工記名姓，因君數到墨池前。

柳子厚寄疊石硯詩

劉禹錫

常因同硯席，寄此感離羣。清越敲寒玉，參差疊碧雲。煙嵐餘斐亹，水墨兩氤氲。好與陶貞白，松窗寫紫文。

硯　詩

僧貫休

淺[九]薄雖頑朴，其如近筆端。低心蒙潤久，入匣便身安。應念研磨久，無爲瓦礫看。儻然人不棄，還可比琅玕。

古銘頌傳讚文狀啓

硯　銘

王　粲[一〇]

昔在皇頡[一一]，爰初書契，以代結繩。民察官理[一二]，庶績誕興。在世[一三]季末，華藻流淫。文不書[一四]行，書不盡心。淳樸澆散，俗以崩沈。墨連[一五]翰染，榮辱是若[一六]。念兹在兹，惟玄是宅[一七]。

硯銘　李尤

書契既造，硯墨乃陳。篇籍永垂，紀誌功勳。

硯銘　梁武帝

硯銘　丘遲

璧　圓　水　火　跡　回　理　明

硯頌　繁欽

有般倕之妙匠兮，倪[一八]詭異於遐都。稽山川之神瑞兮，識璵[一九]璇之内敷。遂縈繩於規矩〔二〇〕兮，假卞氏之遺模。擬渾靈之肇制兮，效羲和之毀隅。鈎〔二一〕三趾於夏鼎兮，象辰宿之相扶。供無窮之祕用兮，御几筵而優游。

硯　讚

繁　欽

顧辱斯硯，乃尘翰墨。自昔頡皇，傳之罔極。或厚或薄，乃圓乃方。斑采散色，漚染毫芒。點黛文字，曜明典章。施而不德，吐惠無疆。漸漬甘潤，吸受流光。

即墨侯石虚中傳

李　觀

石虚中，字居默，南越高要人也。性好山水，隱遁不仕。因採訪使遇之於端溪，謂曰：『子有樸質沈厚之德，兼有奇相，體貌紫光，嘘呵潤澈，頗負材器，但未遇哲匠琢磨耳。禮不云乎：「玉不琢，不成器；人不學，不知道。」子其謂矣！今明天子御四海，六合之内，無不用之材，無不成之器。吾今奉命巡察天下風俗，採訪海内遺逸，安敢輒怠厥職，見賢不薦者歟？子無戀溪泉，自取沈棄耳。』虚中曰：『僕生南土，遠在峽隅，自不知材堪器用。既辱採顧，敢不唯命是從。』採訪使遂命博士金漸之規矩磨礲，不日不月，果然業就。虚中器度方圓，皆有邊岸，性抱謹默，中心坦然，若汪汪萬頃之量也。採訪使以聞於省司之考試，使與燕人易玄光研覈合道，遂爲雲水之交。有司以薦于上，上授之文史，登臺省，處右職。上利其器用，嘉其謹默，詔命常侍御案之右，以備濡染。因累勳績，封之即墨侯。虚中自歷位，常與宣城毛元鋭、燕人易玄光、華陰褚知白常侍帝左右，皆同出處，時人號爲相須之友。

史臣曰：衛有大夫石碏，其先顓帝之苗裔也。出靖伯之後，曰甫。甫生石仲，仲之後曰碏，春秋時仕衛，世爲大夫焉。即墨侯石氏與衛大夫即不同也，蓋出五行之精，八音之靈，嶽結而生，禀質而名，懷寶爲玉，吐氣爲雲，發硎利刃，與天地長存者也。

瘞硯文〔二二〕

韓　愈

隴西李元賓，始從進士，貢在京師，或貽之硯。四年，悲歡否泰，未嘗廢用。凡與之試藝春官，實〔二三〕二年登上第。行於褒谷間，役者誤墜地，毁焉，乃匣歸，埋於京師里中。昌黎韓愈其友人也，贊而識之曰：

土乎質〔二四〕，陶乎成器。復其質，非生死類。全斯用〔二五〕，毁不忍棄。埋而識，之仁之義。硯乎硯乎，與〔二六〕瓦礫異。

謝朱梁祖大硯瓦狀

李　琪

伏以記室濡毫於盾鼻，刃側非多；史臣染翰於螭頭，筒形甚小。尚或文章焕發，言動必書；爲號令之詞，作典謨之訓。如臣者坐憂才竭，行怯思遲。自叨金馬之近班，常愧玉蟾之舊物；豈可又頒文器，周及禁林。製作泓渟，規模廣滑。閟宫苔而色古，連沼石以光凝。敢不致在坐隅，酣兹筆陣。餘波浸潤，便同五老之壺；終日揣磨，豈但一丸之墨。如承重賫，倍感殊恩。

代宋建平王謝賜石硯啓[二七]

李　琪

奉勑賜石硯及法書五卷，敬閲籀篆，側觀硯功。張衡慚奇[二八]，金瓊羞麗。臣夙乏翰能，素謝篇伎。空賁恩輝，徒隆慈飾。仰結聖造，伏銘私荷。

校勘記

〔一〕『待』，楝亭本作『得』。按《文苑英華》卷一百六引同四庫本。

〔二〕『銜』，楝亭本作『抵』。按此句《文苑英華》卷一百六引作『象龜而負圖乍伏，如鵲之緘印將飛』。

〔三〕『紐』，楝亭本作『細』。按《事類賦》卷十五引同四庫本。

〔四〕『易』，楝亭本作『翼』。

〔五〕『栺』，楝亭本作『柏』。按《文房四譜·硯譜》引同四庫本。

〔六〕『沈』，楝亭本作『况』。按《文房四譜·硯譜》引作『沉』，沉、沈通。

〔七〕『合』，楝亭本作『石』。按《文房四譜·硯譜》引作『召』。

〔八〕『亦』，楝亭本、《文房四譜·硯譜》作『上』。

〔九〕『淺』，棟亭本作『淡』。按貫休《禪月集》卷八同四庫本。

〔一〇〕棟亭本作『繁欽』。《藝文類聚》卷五十八引同四庫本。按此銘《藝文類聚》所引與四庫本同，而棟亭本多有異文。

〔一一〕棟亭本無此句。

〔一二〕棟亭本作『觀文察禮』。

〔一三〕『世』，棟亭本作『此』。

〔一四〕『書』，棟亭本作『寫』。按《藝文類聚》作『爲』。

〔一五〕『連』，棟亭本作『運』。

〔一六〕『若』，棟亭本作『懲』。

〔一七〕『宅』，棟亭本作『徵』。

〔一八〕『倪』，棟亭本作『頫』。《初學記》卷二十一引作『睨』。

〔一九〕『瑲』，棟亭本作『嘉』。《初學記》同四庫本。

〔二〇〕『矩』，棟亭本作『的』。《初學記》同四庫本。

〔二一〕『鈎』，棟亭本作『鈞』。《初學記》同四庫本。

〔二二〕此文異文較多，以棟亭本所載近於通行本韓文，故從改。

〔二三〕『實』，棟亭本作『賓』。

〔二四〕原作『土乎成質』，據棟亭本删『成』字。

〔二五〕『用』字據棟亭本補。

〔二六〕「與」字據棟亭本補。

〔二七〕此文見《江文通集》卷三。

〔二八〕「奇」，原作「寄」，據棟亭本、《江文通集》改。

四庫提要

《硯箋》四卷，宋高似孫撰。似孫有《剡録》諸書，已别著録。是書第一卷爲端硯，分子目十九，中硯圖一類列四十二式，注曰：『歙石亦如之。』然圖已不具，意傳寫佚之也。第二卷爲歙硯，分子目二十。第三卷爲諸品硯，凡六十五種。第四卷則前人詩文。其詩文明題曰端硯、歙硯者，已附入前二卷内，是卷所載，皆不標名品，故别附之諸品後耳。《宋志》所録《硯譜》今存者尚有四五家，大抵詳於材産質性，而罕及其典故。似孫此書獨晚出，得備採諸家之説，又其學本淹博，能旁徵羣籍以爲之佐證，故叙述有法，特爲可觀。中間稍有滲漏者，如李後主青石硯爲陶穀所碎一條，乃出無名氏《硯譜》中，爲曾慥《類説》所引，今其原書收入左圭《百川學海》，尚可檢核，乃竟以爲出自《類説》，未免失於根據。然其大致馴雅，終與龎雜者不同。如端州緑石爲諸品所不載，據王安石詩增入此類，亦殊見賅洽，固足以備考稽而資鑒賞也。

騷略

騷略整理説明

《騷略》有《百川學海》本。民國間李氏宜秋館刊《宋人集》（丁編）、張壽鏞刊《四明叢書》（第一集）、《叢書集成初編》所收此書皆以之爲祖本。《四庫全書存目叢書》集部第二十册收録北京圖書館藏清汪氏裘杼樓抄本，與《百川學海》本亦同。

本次整理，以《百川學海》本爲底本，吸收宜秋館刻本李之鼎的校記，并補入《四明叢書》本張壽鏞序、宜秋館刻本李之鼎跋。原書卷一《九懷》九篇篇題皆在文後，今按照一般習慣移置文前（《全宋詩·高似孫二》以篇題下屬，且以爲《嵺山雨》一篇『有目無文』，誤）。

騷略目録

騷略卷一

《離騷》不可學。可學者章句也，不可學者志也。楚山川奇，草木奇，原更奇，原人高志高，文又高，一發乎詞，與《詩》三百五文同志同。後之人沿規襲武，摹傚製作，言卑氣嫚，志鬱弗舒，無復古人萬一。武帝詔漢文章士修《楚辭》，大山小山竟不一企，况《騷》乎？嗚呼！《詩》亡矣，《春秋》不作矣，《騷》亦不可再矣。獨不能忘情於《騷》者，非以原可悲也；獨恨夫《騷》不及一遇夫子耳。使《騷》在删《詩》時，聖人能遺之乎？嗚呼，余固不能窺原作，猶或知原志；輒抱微款，妄意抒辭，題曰《騷略》。越山川曾識舜禹，作《蒼梧帝》，作《思禹》；又經句踐君臣，作《越王臺》，作《鴟夷子皮》；吴爲越所滅，失於棄胥也，作《浙水府》；始皇東游，以功被石，作《秦游》；王謝諸人，殊鍾情於越，迄爲蒼生一起，作《東山》；其以德著於臘祠者，侑之歌，作《江夫人》，作《嵊山雨》，命之曰《九懷》。嗚呼！後之視今，今之視昔也，知我者騷乎。

九懷

蒼梧帝 湘夫人

望九疑兮雲雨，心慘慘兮思君。冉冉兮愁痕，楚波深兮斑竹活。歷嵯峨兮極眺，訊遐心兮誰將。蛟何躍兮銜波，鴻何驚兮離網。湘有蘋兮渚有茎，欲將誠兮無能宣。蒼莽兮何之，孰亮余兮婕娟。羽何音兮鏘鏘，鳳何儀兮濟濟。朝騰余軔兮梧陰，夕娛兮清澧。蹇躊躇兮自喜，遡清川兮如洗。植館兮雲中，樹之兮石磊磊。貝闕兮鱗堂，雜青楓兮始霜。芷路兮蘅薄，桂飛橑兮蘭房。相芰荷兮可衣，美秋菊兮曾糧。瑶華兮在席，江有蘺兮吐芳。被薜兮帶蘿，表之兮以蘭香。彙衆卉兮揚徽，貯芳辛兮同薰。哀絃切兮入雲，靈來下兮繽紛。捐余璫兮中流，遺余玦兮北渚。儼奉君兮嘉薦，乃遺余兮芳杜。時契闊兮難再，聊歌風兮自語。

思禹 湘君

攬九州兮余憂，民將魚兮誰瘳。水受令兮安流，麦芃芃兮方秋。老帝力兮茫茫，射神魚兮飛舟。朝帝君兮不下，莽故疆兮生埃。踏蒼龍兮倏東，棲靈游兮故宫。擢桂棟兮蘭房，蕙幬兮茎床。翳殘書兮鏄鐅，杳空山兮神揚。神揚兮何極，有人來兮爲之太息。濕刓石兮酒寒，隱懷君兮傷惻。蓀橈兮桂檝，海若兮獻月。采水碧兮紫淵，弄蠙珠兮冰穴。無一芳兮可酬，心難吐兮猶咽。砥柱兮湯湯，龍門兮阻長。事難古兮悲傷，迹蒼莽兮蹇余以何往？朝欲逝兮河津，夕濯衣兮西澂。花漲兮波惡，魚鬭兮雲舞。沐余冠兮嵯嵯，濯予瑙兮楚楚。靈心懌兮來下，乃遺余兮芳杜。玩芳杜兮三嗅，時不來兮孰與。

越王臺 東皇太一〔一〕

草長兮菲菲，越山青兮霏微。玉在佩兮欲語，望故宫兮如歸。酒闊兮猶香，優流光兮庭幃。芳俎進兮蘭藉，玉鱗寒兮牲肥。靈翺兮醉只，笙噓雲兮霑衣。鼓輕舠兮無留，月共載兮依依。樂莫樂兮知幾，哀莫哀兮别離，鷓鴣愁兮忘飛。

鴟夷子皮 雲中君

江欲冷兮丹楓，月將缺兮初鴻。天如仄兮沉波，檝有聲兮追風。易莫易兮謀功，難莫難兮圖終。東山兮誰作，若斯人兮猶窮。水下鷺兮溶溶，山插雲兮叢叢。叫夫君兮不聞，拊遺聲兮如空。君不來兮誰晤，余心憂兮冲冲。

浙水府 少司命

越山兮青青，江波兮噴薄。萬里兮長風，引鶩瀾兮去之。夫君兮以淵爲期，水何爲兮勞苦。越山兮升雲，江水兮未平。舉酒兮訊君，將與余兮心傾。若有人兮�雲旗，舞神魚兮踏文螭。奏水星兮叫冰夷，横壯氣兮海爲飛。麋臺兮生草，言如毛兮人杲杲。夕宿兮江皋，越兵西兮如拉槁。一沐浴兮九江，水揚波兮淙淙。飛余橈兮雁渚，舍余瑺兮漁矼。望美人兮未來，心不怡兮難降。有酒兮如冰，呼膾具兮魚龍。腥澆磊塊兮洗磅礴，有老父兮愁偏醒。

秦游 東君

君之來兮鞭潮，令冰夷兮毋驕。撫余車兮安驅，海難填兮魂銷。龍翼輈兮既東，旌聚昏兮生埃。蛟抗刃兮波赤，嗞霧光兮蓬萊。樂莫樂兮佳游，哀莫哀兮忘歸。簫鐘兮鐃鼓，吴歌兮楚舞。魚飛兮雁奔，君之樂兮俣俣。憩蹕兮嵯峨，陳席兮楚楚。撰德兮蒼崖，秦夸聲兮豪詡。騎雜還兮鑾玲瓏，窮禹迹兮窺踐宫。民如蟹兮誰能聰，海水作兮號魚龍。歡未殫兮樂未終，金母號兮漢旌紅。

江夫人 大司命

江上兮青山，水既去兮復還。引微風兮無瀾，擢桂槳兮閑閑。望美人兮來下，靈翩翩兮從女。劈中流兮揚舲，雁邕邕兮遵渚。玉衣兮晝裳，御清氣兮前青鳳。穆川后兮静波，湘君遺兮蘭芳。行貞兮昭昭，瑲明兮玉娟。天門兮爲開，萬夫哀兮惟女賢。翠帷下兮沉沉，花飲露兮陰陰。素鱗寒兮不動，寄風瑟兮瑶音。涉江兮采蘋，剪綃兮䌰塵。奉瑶華兮結辭，靈不見兮愁人。愁人兮奈何，目眇眇兮微波。路杳靄兮修長，其奈何兮夕歌。

東 山 河伯

若有人兮山阿，樂莫樂兮在薖。絜余佩兮有蘭，㥦余裳兮有蘿。凌八荒兮騁望，悵山河兮悲壯。倒天漢兮濯江淮，眇風雲兮晤懷。竹樹兮冥蒙，海月兮朣朧。君何處兮山中，鴻奔南兮逼輕舟。歌聞天兮擊中流，氣浩浩兮横九州。山冉冉兮生雨，水汪汪兮迷浦。缺一叫兮花愁，期美人兮春渚。

崿山雨 山鬼

砥蒼崖兮燕危磐，枕淵洄兮夏留寒。谷懷煙兮川引霧，出漁鄉兮入樵路。屋如懸兮石將危，蕩蘭舟兮揚桂旗。江有蘺兮溪有蓀，沙一抹兮雲垂垂。耒宜雨兮颿宜風，香在鑪兮各爲功。村醪熟兮春無度，水羞香兮雪登俎。晴陰節兮花亂飛，老漁歌兮野巫舞。靈埃樂兮憺忘歸，人無忘兮雨而雨。維余舟兮款神關，石齾齾兮蘿漫漫。帷之褰兮風毳急，石可憩兮苔痕斑。潭中人兮夜漁急，神魚舞兮陰妃泣。報靈君兮千罟集，水如練兮月冥冥。若有絃兮作湘聲，舟欲去兮且復留。耿不寐兮空隱憂。

山中楚辭

山中可樂，不可説也。既釐越一壑，多種草木，多釀酒，日與客游，不知日之夕西，時之老也。乃輯歌語爲《山中楚辭》。

一

山如罨兮栖柔煙，鳥徘徊兮翠如褰。蔭松柏兮牽丹泉，猿在上兮鶴在前。拍浮丘兮延偓佺，話坎離兮生坤乾。問山月兮今何年月，得道兮玄之玄。

二

月澄午兮收雲，嚼鮮芳兮予酒。朝列宿兮將舉，炯其北兮惟斗。斡四令兮無惰，活元氣兮呦呦。一疊兮上訴，思超凡兮辭垢。

三

穆東皇兮受命，樂山中兮俱春。風引樹兮欣欣，雨生波兮粼粼。天有心兮康予，朝復朝兮趨新。春空勞兮又去，山青青兮予親。

四

若古兮多奇，御夏兮高明。蹇千山兮在下，石吐泉兮泠泠。采新果兮半熟，被疎絺兮全輕。非老子兮孰悟，亦晋人兮予盟。風來南兮洗琴，棋落落兮争聲。心有官兮自玉，天相知兮同醒。

五

桂樹兮團欒，籬菊兮可采。石磊磊兮沿荔，雁嗷嗷兮離靉。人心悽兮易凉，時令遷兮誰綷。攬古昔兮自悵，視彭殤兮何待。吁嗟秋兮，不以悲而能輕，不以愁而爲怠。若得意兮騷者，酒淋騷兮如海。

六

木蔌蔌兮皆冬，汛山林兮迎雪。匠此妙兮磅礴，信天人兮豪傑。當是時，雁分黯淡之雪，花弄扶疎之月。酒涉雋兮少對，詩造微兮自悦。天山兮誰飢，蔡州兮誰决。眇斯人兮毋作，雪霏霏兮空潔。

欸乃辭

客有遺王右丞《捕魚圖》者，愛其風景蕭遠，漁事安閑，無一毫較利競明之意。切慕其趣、樂其高，爲之歌曰《欸乃辭》。

帝子降兮北渚，目眇眇兮愁予。嫋嫋兮秋風，洞庭波兮木葉下。揭揭兮寒菼，濊濊兮輕罛。有鵜兮在梁，鴻何爲兮離網。白蘋深兮騁望，水之清兮濯纓。翁不語兮嗔偏醒，欸乃一聲兮天水渌。

後欸乃辭

柳子厚《漁翁》詩，蕭蕭湘君湘夫人，清風不可以筆墨機緘索也。世人論次《楚辭》，乃以天對晉對推之，知者淺矣。因掇杜公句，伴《漁翁》詩爲《後欸乃辭》，嗟歎之不足也。

洞庭瀟湘白雪中，中有雲氣隨飛龍。漁父天寒網罟凍，山木盡亞洪濤風。

又歌曰：

漁翁暝踏孤舟立，滄浪水深青溟闊。不見湘妃鼓瑟時，至今斑竹臨江活。

又歌曰：

漁翁夜傍西巖宿，曉汲清湘燃楚竹。煙銷日出不見人，欸乃一聲山水淥。

校勘記

〔一〕『一』字原無，當爲漏字，他本俱有，據補。

騷略卷二

崿臺神絃曲

《神弦曲》出於唐《娛靈斿》也。崿臺介剡山水間，神境奇拔，中抱霖雨，時庸濯靈。似孫甲戌春奉先公紼車過臺下，酹江有祈，風反須臾，一帆脱矢，直擣山步，灘磧不驚，神光赫流，肇敏桴鼓。乃依《楚辭章句》度迎神送神辭，刻諸山中，用毋忘英造。

一

迅雙槳兮刊中流，風與力兮飊無留。瞥逝鴻兮呵傭蚪，芷泣香兮未嗚樛。宛有人兮山之幽，翠翦字兮旌柔柔。朝陽滋兮夕陰洲。月不動兮雪霜浮。期靈君兮一徠游，虚谷應兮寒颼颼。酒可醺兮蘋可羞，靈不鄙兮掩吾愁。

二

水清清兮石鑿鑿，浪攻崖兮風洗壑。天飛凉兮衆木作，元氣湧兮魚龍惡。若有人兮老叢嵃，跨黄羆兮度蘅幄。夕鴻溟兮曉名嶽，懷霖雨兮時雹雹。靈來娭兮瑟蘭勺，水光開兮煙罷漠。律予辭兮徵眇邈，林劃嘯兮靈歘樂。

花飛引

蘇楚自廬山來，與予同在山中數月，酒必酒，詩必詩。予平生友如楚者不一二數，其去也，各灑淚花竹間，不勝依依，乃書此送之西。

花少思兮離離，企佳人兮不來。風嫋嫋兮吹愁，緑滿樹兮香在苔。駃哀兮山裂，芳菲兮今歇。杳新知兮誰悦，期佳人兮奈何别。

蓬萊游

植臺松桂杉篁之表，翠樾如圍，一塵不汩，字以《蓬萊游》而有其辭。

一

緑連霧兮窈窕，翠生香兮輕浮。花得道兮無妍，鳥涉仙兮何愁。心太平兮太平，功如水兮先秋。喬松來兮樂去聲余，蓬萊樂兮堪游。

二

木采采兮交蔭，雲飛來兮隨鶴。月欲去兮仍西，風吹花兮未落。花未落兮猶春，酒依依兮如昨。王與謝兮讓余，蓬萊游兮堪樂。

秋蘭辭 少司命

《秋蘭歌》，三閭大夫以奉司命者。至漢張衡，賦兩言之。秋蘭被涯。又曰：緺秋蘭之幽華。而酈炎、秋蘭榮何晚。曹植、秋蘭被長坂。潘尼、流聲馥秋蘭。傅玄、秋蘭豈不馨。江淹秋蘭被幽崖。諸人疑於蘭眷眷者，而《九歌》遺情，輒鬱弗彰，悲夫！乃抒蘭辭，酹大夫。

秋蘭兮青青，得道兮如索。娟娟兮好修，行隱隱兮不渝。夫人兮孰懷，美蘭何爲兮靚處。秋蘭兮英英，含章兮自明。山中兮無人，其與誰兮晤傾。悲復樂兮樂復悲，悵來者兮不可期。悲莫悲兮有所思，樂莫樂兮心相知。贈子兮雜珮，朝能來兮夕能會。暮雨兮生愁，心繚悷兮何能慨。訊蒼蒼兮如何，天不語兮雲嵯嵯。吐琬琰兮自通，宛清揚兮山之阿。望美人兮不來，闃寥寥兮浩歌。雲裾兮凰裳，引沆瀣兮朝陽。澹自樂兮優尚羊，豈無人兮而不香。

小山叢桂

《招隱士》，淮南小山之所作也。淮南王安好書，招致賓客游士八公之徒，爲辭賦篇章，曰《大山》《小山》，猶《大雅》《小雅》也。而《騷》之意度氣藴，《小山》能知之。然其詞有曰：『山中兮不可以久留。』乃作《小山叢桂》，庶幾於招隱者，仍反其詞焉。

桂樹叢生兮山之幽，偃蹇布護兮翠交流。嶅谿錯互兮雲崒霄，石戔戔兮溜鳴瑶。鶴陰陰兮猿嗷嗷，攀援桂枝兮聊佳留。聊佳留兮遲遲，訊有華兮東籬，風景兮不可支。襟將舒兮，孰怡碕兮，曲山崒屼，擘磧邃兮。心怳惚濡兮，沕寥兮瑟樫蘿密。叢灌盤紆兮杳藏日，嶙峋鑿落兮堇龍回複。榛薄葢葍兮葩華棻鬱，青蘿素蔓兮薇蕪彧毓，兕勇熊遒兮來嘯來伏。山中梵梵兮嵬嵬，泠泠兮濟濟。蛩唧兮禽嘶，秋風兮自來，攀桂枝兮聊須留。桂花開兮芙蓉寒，桂花落兮芰荷乾。若人兮悲秋，山中兮胡爲不可留。

章華宫對

楚王見大夫於章華之上，妃嬙奏瑶勺弦管，玉金振作。王曰：『宋玉嘗稱有女清淑夭鮮，居色之麗，有是夫？』大夫曰：『臣聞女不畏醜而畏乎妬，自古然也。臣不敢言。』楚王曰：『寡人則異於是。試爲寡人言之。』大夫進曰：『臣聞宋玉以《風賦》諫、《神女賦》諫，又以《大言賦》諫，雖進規展忠不一，蹈原之危且切，而其含意微妙，詞亦婉矣。所謂清淑夭鮮、居色之麗者，特喻夫士耳。女以色爲命也，文獨不爲之命歟？色有自畏，文豈不然？言何益？』楚王曰：『善，迄爲寡人言之。』大夫曰：『唯唯。臣聞宋玉嘗歷九土，行五都，游成陽，道京洛，出入鄭衛溱洧之間。當是時，春日載陽，鵹鸞倉庚，有女清揚，爰求柔桑。中有一姝，窈窕含光，温柔容冶，瑩不受粧。玉嗟其美，又慕其莊，爰弛於行歇之詩章。其詩曰：「静女其姝，俟我於城隅。愛而不見，搔首踟躕。」女曰：「參差荇菜，左右采之。窈窕淑女，琴瑟友之。」玉〔二〕又曰：「爰采唐矣，沫之鄉矣。云誰之思，美孟姜矣。」女又曰：「舒而脱脱兮，無感我帨兮，無使尨也吠。」時乃度益恭，辭益肅，揚詩守禮，終不過差，是足稱也。』於是楚王稱善而歎曰：『寡人不能有也，大夫爲寡人圖之。』大夫避曰：『臣不敢，臣不敢。』

朝丹霞

歲辛酉元日，夜半夢升天，雲炁彤爍，光流玉霄，朱門金鋪，丹碧璀璨。金榜在上，曰丹霞宫。帝君被髮仗劍坐於中閾，武士金胄肅然揮呵曰：『汝本朝太宗皇帝也。』予斂服端拜，心神竦昂。歷屋數十間，見霞衣星冠出入者百數，乃依入者以趨。至庭下，爲天樞院。須臾，兩貂蟬擁靈君贊曰：『天樞上相。』予拜，相亦拜，大青杯設茶，冷如冰。東横兩朱几，几上籤卷秩秩，因輒問此何書耶，相曰：『郊年進上帝故事也。』以其一授予，黄羅而金欄，一行三字，字大書。一黑床，設大玉盆，予曰：『此非洗玉盆乎？』相笑曰：『是。』俄揖予與過一二十廊，至小軒，甚窈靚，軒下六井，銅爲欄，顧予曰：『一井有水，水通海，自海井導爲六耳。』又過小廊，至一齋，凡三楹環設，可一二十几，几各一研，予捧玩驚喜。最後一石，刻曰：『陽嘉元年。』相舉以賜予，自勉以道，予拜而受。夢忽寤，時已五鼓。既以詩記其事，因閱唐顧況《朝上清辭》，愛其幽古婉暢，脱去塵滓，依稀其趣，作《朝丹霞》。

沐佳施兮清靈，滌三生兮無腥。迅玄挺兮嘉會，蜕吾骨兮坯吾形。杳倏駕兮潛青冥〔二〕，舞剛風兮鵠分翎。上何有兮無能名，老積炁兮寒泠泠。窈復窈兮流火庭，物受鍊兮愁六丁。爍此鼎兮神無停，雪盡垢兮朝朱陵。轉璇樞兮上亭亭，一語契兮驚群星。味清浄兮不可經，玄復玄兮發新硎。晝琳琅兮黄金繩，帝監視兮燕清寧。聞不聞兮曒無際，毛髮竦兮心爲冰。井有波兮通滄溟，玉抱德兮誰能銘。憺來歸兮析然醒，道有成兮其當升。

幽蘭賦

蘭曾伴屈大夫，政復何恨。然非屈大夫，無知蘭者。予固非知蘭，亦非知大夫者，後五百年，或有知予者焉。

皇以度而揆予兮，宛貞貞而孔安。含素光以致𣃁兮，考幽人之所槃。澮群動而不競兮，約洵美而且閑。嫋孤風之翛翛兮，幾激貪而律頑。一既分而爲乾兮，老群星之芒寒。又一索而坤動兮，百嘉熾而多蕃。予乃持其神秀兮，成天地之所難。陵高姿以吐妙兮，抱幽古而遐觀。峭夷齊之特立兮，非盜蹠之可奸。懿西子之孤靚兮，豈嫫母之並歡。彼釜礫之自珍兮，有瓚罍之獨刓。又萵藲之盛蔚兮，幸蘅若之未殘。勺明水以薦芳兮，三沐浴乎清瀾。耿積雪其如素兮，尚有知予寸丹。眇洞庭之始波兮，木舞葉其珊珊。涷沅湘而欲合兮，騁白蘋而渺漫。招帝子而不來兮，棄予瑲於江干。導微馨以輪誠兮，律九歌其銷魂。

校勘記

〔一〕『玉』，原作『王』，據《四明叢書》本、裘杼樓本改。

〔二〕『冥』，原作『宜』，他本俱作『冥』，據改。

騷略卷三

水仙花前賦

水仙花，非花也。幽楚窈眇，脱去埃滓，全如近湘君、湘夫人、《離騷》大夫與宋玉諸人。世無能道花之清明者，輒見乎辭。

天以一而生神，坎既習而成玄。泄冲奥以致潤，抱孤貞以成妍。禹何智以能海，羲不神而開乾。際壑兎之無畔，壯英心之自仙。悲莫悲乎巫咸之鄉，哀莫哀乎原胥之淵。迅英挺以如濯，肯徘徊而自憐。至若鮫館截綃而凝霜，貝庭含璣而媚川。蒼茫乎三島之接霧，杳眇乎十洲之匯天。雲雨閑霽，水空澄鮮。一色如磨，萬波不顛。亦有帝女兮泣竹，湘君兮鼓絃。神妃兮解佩，冰夷兮扣舷。是皆凝姿約素，挺粹含娟，以婉自將，以淑相宣，芳以氣屬，妙以辭傳。指北渚以將下，薄西津而驟旋。或搴芳若，或采佳荎，有蘭可餐，有蘋可搴。於是樂極忘歸歸，塵空失躅。萬慮俱泯，餘情獨筌。扣冰娥以勺拗，訪瑶母而潔媰。挹水星以請命，托神祇而垂甄。已矣乎，超萬劫以自蜕，麗一徽而獨涓。懷琬琰以成潔，抱雪霜以爲堅。參至道以不死，秉至精而長年。是蓋苞水德之靈長，合五行之自然者乎。

水仙花後賦

予既作《前水仙賦》，疑不足以渫予之情者，乃依稀《洛神賦》爲後辭，尚庶幾乎。

余從太史游覽山川，泛瀟汨，下澧沅，摩嶷雲，息梧煙。歲莫天寒，僕痡車顛。爾乃釋鑣乎茝涯，進秣乎芝廛，周旋乎荆澨，騁望乎湘淵。於是神疑目駭，心離意惻。即之懭況，適焉仿佛。睹一美人，於水之側。乃拊從者而訊之曰：『汝有識於彼者乎？彼何人者，甚閑且潔也。』從者進曰：『僕聞茲水之靈曰湘夫人，然則太史公之所遇，其或是乎？其形維何，僕願知之。』余告之曰：『其狀也，皓如鷗輕，朗如鵠停。瑩浸玉潔，秀含蘭馨。清明兮如閬風之翦雪，皎浄兮如瑤池之宿月。其始來也，炯然層冰出蛟螯；其徐進也，粲然清霜宿瓊枝〔一〕。沉詳弗矜，燕婉中度，不穠不纖，非怨非訴。美色含光，輕姿約素。瓌容雅態，芳澤不污。素質窈裊，流暉婹娟。抱德貞亮，吐心芳蠲。婉嫿幽静，志泰神閑。柔於修辭，既丰且鮮。飭躬被服，稽圖合章。峨五采之英珥兮，錯九芝之明璫。舞碧霓之修帶兮，妥英雲之輕裝。顔有鍊而如灼，體非薰而彌香。沐娉容之練練，乘清氣之徜徉。於是舒懷肆逸，且娛且顰，羽蓋翳映，翠旄繽紛。韠金摇之欲墮兮，玩晴洲之青蘋。余衷耽其静孌兮，黯澹蕩而馳神。媒不靈於締歡兮，託湘波以通勤。暢中靈之胥悟兮，捐予璫於水濱。懿玉儀之靖莊，允約矩而應規。輕瑤華而不御兮，指二南而揚詩。謂皎日之可鑒兮，非暗室之自欺。欲解佩之夙遇兮，風嫋嫋而凝思。志貞介而言妙兮，誓守禮以將之。於是靈修竦然，嫣婉徘徊，拊孤影以欲翥，心將飛而仍回。褰蓀幬之芳烈，燕芷房之玫瑰。感幽志之淒激兮，喟揚音而彌哀。爾乃衆真縹緲，並游嘯侶。或濟西滏，或臨北渚，或采幽蘅，或茹芳杜。清莫清乎姮栖，愁莫愁乎牛渚。瀡輕裾之裔裔，冷清飈而雲舉。約洛川之神妃，會巫陰之奇女。體迅飛鴻，俶若輕雲。流睇橫波，餘芳氤氳。其度有則，不顛不危。優柔靡忒，必兢必祇。温乎如玉，曄兮陸離。精采相授，羌余其悲。於是川后斂飈，冰夷卻濤，龍伯獻珠，鮫人貢綃。躍三虬以指塗，蕤蒼芝而夾御。雙螭帖其馴乘，儼華旍之布濩。鴛鴦嘯而先驅，翡翠翼而齊騖。於是趨彭蠡，過洞庭，洗月轂，飛星軿。流清聲而吐奇，誦坤乾之大經。晝三靈而不汩，潛一意而長醒。恍揚袂以如失，雪微氿而沾纓。拊佳期之不來，日冉冉而西征。夐微素之孰寄，誰其將予英瓊。揚清波而微注，指潛淵而自驚。恍精采之相授，迄難陳其餘情。於是游倦思歸，路異神留。遺思杳眇，寤寐好逑。蹇悠悠而何之，指寒川而薄憩。蘭菲菲而襲予，睇碧雲而摇曳。信心會而神交，豈綢繆之末契。』竦僕夫之儆予，命速駕乎蘭枻。其毋惑於所悦，當陳古而爲之制。

松江蟹舍賦〔二〕

鴟夷子皮既相句踐，讎闔閭，殄夫差，吊子胥，無纖恨於越人，乃騁懷於西吾。乃昂然作，喟然吁曰：『兔死犬烹，鴻罹於罦，古人所危，吴其亟圖。』方將朝三江、夕五湖，一去不回，樂哉此桴。蓰其遺於人間，情嫋嫋於姑蘇。水統乎笠澤，天包乎具區。松陵互潮，太湖交瀦。川納壑府，波畫村墟。石罅碕岸，崖鼇別嶇。波程杳渺，水路盤迂。洄渚棋布，聚落星敷。采之於山，則綠膩女桑，黃苞橘奴，收菽貢梨，剥棗擷茶；取之於水，則絲被紫蓴，筍含青菰，采菱春芡，食蓮燒蘆。是皆舟子所鄉，魚郎所廬。葭菼兮爲域，莞葦兮爲郛。鴻鷺兮爲鄰，鵁鶄兮爲徒。時則天澄月凈，風恬靄舒。或霧氣之蒙沫，或煙雨之扶疎。棹歌亂發，漁榜疾徐。命儔嘯侶，靡一不魚。蔭柳邊之罩槮，注隔花之罾罺。兒奏輕笱，婦呼飛罛。水事瀸瀸，一發靡虛。乃有鱠殘之鯽，四鰓之鱸，瓌異叢毓，鱗甲紛挐。鯤皆會於漁市，羨足給於魚租。至於露老霜來，日月其徂，萬螯生凉，含黃腯膚。其武郭索，其雄睢盱，其心易躁，其腸實枯。勇鼓而喧集，齊奔而並驅。鴟夷公顧而笑曰：『昔者吳之將微，民甚䕸虞。厥有躁亂，害於菑畬。是固汝輩之所騁者歟？』吳人趨而告者：『當是時也，善有鮮鑒，貞有罕孚。樂鴆乎毒，習甘乎諛。一豔方妍，漂香沉珠。樂極危生，淪胥以鋪。是故非蟹罪也。維我吳人以漁爲娛，每施勤於簄斷，皆得志於江塗。方洞庭兮始霜，熟萬稼兮豐腴。執一穗兮朝魁，目洪溟兮争趨。工緯蕭兮承流，截鱟沸兮防逋。燎以乾葦，檻以青篘。喧動涼萉，驚飛宿鳧。其多也如涿野之兵，其聚也如太原之俘。蟹事卓犖，八荒所無。今敢藉以涼荻，束之風蒲，願奉一醉，獻諸大夫。』大夫嗒然笑曰：『嗟汝吳兮巨麗，樂太伯兮開初。括干粵兮自裕，跨蠻荆兮遠摹。干星紀兮經略，控軫野兮車書。至若藪澤幽靈，川瀆滮洿，灌注兮天下之半，鬱拂兮瀛州之居。忘越矢之倏西，歎麋臺之交蕪。余方超萬物兮如蜕，豈一蟹兮樂且？』吴人再拜進曰：『大夫高矣！儂聞宅金湯之固者，莫崇乎德者也；建竹帛之功者，莫勇乎謀者也。目〔三〕吴越之成敗，慨君臣之嗟戲。然儂者生長水國，子孫澤隅，朝莫一艇，暑寒一蓬。老魚鼊而爲命，狎鷗鷉而不孤。久與世以相忘，亦傷今而欲痛。大夫方將謝軒冕，樂樵漁，儻玄機兮相高，庶嘉遁兮不渝。今儂有粳可炊，有酒可沽，幸江山兮如待，祈風月兮無辜。』大夫爲之欣然曰：『若子者，是豈以蟹爲業者歟？非渭水之遺智，必山澤之修臞。』深樂其言，藏道於愚。欲去兮徘徊，欲逝兮勤渠。舉酒酬酢，道古哀歎。與之釋縛，爲之拍浮。剳甲如山，齏橙知餔。意晤忘言，酒深相扶。指青天兮自誓，幸來世兮知予。眇煙水兮莫流，迅孤舟兮長呼。蟹翁者三歎於邑，四顧躊躇。揖長江而如矢，聆浩歌而莫能俱。其歌曰：

天高兮月寒，天風兮水急。鴻遠兮汲汲，人有慕兮何歎。及老霜澤兮遺漁，斷有蟹兮罛有魚，酒答天兮天知予，子不得兮愁何如。

又歌曰：

洞庭兮既波，松江兮未雪，一舸兮自決，知者樂兮樂者哲。蟹健兮魚肥，風吹觴兮酒淋衣。知有蟹兮不知時，若斯人兮其庶幾。

後長門賦

荷君門之嘉采兮，早服勤於下房。挹清暉以長新兮，知秉柔以自莊。拜姆師之攸初兮，輯圖訓以爲綱。曾儆戒之有詩兮，又窈窕之有章。友琴瑟以從容兮，叵勺斟於宫商。裁白玉以爲節兮，妙約珩而結璜。筆彤彤而垂史兮，日好修而靡皇。惟寅承於渥澤兮，蔚春榮之齊芳。每自懲於華敷兮，那與春而俱昌。信凋落之依時兮，一葉賈而欲黄。感天序之難一兮，悵人生之靡常。蹇兢兢於深薄兮，嗟寵綏之不可量。憶嘗參君琱輿兮游君玉堂，又嘗奉君瓊巵兮侍君瑶厢。輂深怯於同登兮，爰下拜以徬徨。熊不期而倏來兮，委微軀而輒當。君亦諒其微誠兮，謂雖柔而亦剛。妾自肩於夙夜兮，肯或負於蒼蒼者耶？宛掖扉之多娱兮，左蘭茝而右昭陽。方並進於采麗兮，仍翕趨於嘉良。綴明璣以如旒兮，炯截塊而飾璫。信競媚以取榮兮，此凋謝其奚傷。懸明月以自照兮，感孤禽之嘐嘐。覽翠袂以深浥兮，耿餘悲於寸腸。悵玉户之如隔兮，夜寥寥乎未央。勺千古以凝監兮，盛與衰其交相。女恃色以爲命兮，寧專美於施嫱。下蘭宫而周覽兮，企璧門之鸞翔。遡仙掌而如擢兮，渴露英之瀼瀼。雜珊瑚之叢碧兮，羅珍物之琳琅。群窈窕之華麗兮，嗟夙願之莫償。月在梧而如冰兮，風入槐而吹霜。雁無僇而將寒兮，蟀似語而號涼。結幽蘅以藉枕兮，席荃蘭以敷床。攬翠被以展轉兮，味宿薰而猶香。愁與夢以難靈兮，不自達於君傍。誰以海而爲漏兮，滴秋聲而加長。夜漫漫其若歲兮，懷鬱鬱其誰揚。告女官以輸芹兮，願一陳於吾王。王乙夜而陳書兮，必有監於興亡。非宋玉之有聞兮，夫誰陳乎高唐。仰懋德之無逸兮，宜千萬年無疆。願毋輕於螻蟻兮，尚飭黽於淫荒。

讀易賦

嗟[四]古人之不余欺兮，吐微言以昭宣。苞萬微以自圖兮，肯造端於坤乾。杳兩氣之吸噓兮，邀元化以齊甄。產六子以該輔兮，諧初畫以俱旋。人以事而鼓桴兮，物以數而瑚鐫。昧罔窺其橐籥兮，智或殫其眇眇緜。嗚呼文與孔孰囿命兮，肯自放於踣顛。迄以道而蓍龜兮，特探幾於義先。老世故之轇轕兮，信吾辰之迍邅。泯無閦之可汰兮，假羲翁以俱傳。西伯不知其所以兮，尼父亦莫知其攸然。任吉凶之盪摩兮，付吝悔之争挺。覽天人以自索兮，坦日用於平平。於嗟乎《九歌》其誰作兮，太圖絜而娟娟。既以身爲心累兮，猶輸情於蘭荃。又豈知薇有可采兮，匪伯夷之隘焉。抑不如歸去來兮，樂夫天命以自研。余亦消息盈虚兮，有余師者聖賢。索遺文以退儆兮，三加省而逾堅。審爻象以耽玩兮，粲日星而陳前。敷固非可偏揲兮，理亦非可以獨筌。嗚呼天生余有命兮，余有命其在天。妙矣夫，知之精之者，在玄之而又玄。尚有得於古人兮，幸加我以數年。誓將老於斯經兮，其毋忘乎三折編。

秋蘭賦

客有遺予秋蘭者，比家山所毓尤清瘠，特香味稍減，豈涼未深耶？系之以辭。

眇銀渚之如傾兮，訊宵涼之方幼。俶有風之西香兮，竦孤貞之俄秀。宛青葉而紫莖兮，花四三崇且瘦。心兩兩而一知兮，驚汝我之俱舊。吁靈均之有靈兮，炯不死而猶壽。九其歌之迢迢兮，豈韶勺之可奏。洞庭波而舞葉兮，菊英英而趨茂，何獨憐此幽深兮，了非聞而非嗅。杳渚北之雲興兮，帝子澹乎先後。擷微芳而薦嘉兮，叫湘皋而寒溜。余既莫之偶兮，律遺聲而孰扣。勺明水以酬君兮，耿斯意之不可又。君亦裴回而忘歸兮，指蘅茎而將授。予更曰：芳之克肖兮，豈氛凡之能垢。不然《易》其何言兮，今琅琅乎其臭。

校勘記

〔一〕李之鼎校曰：『枝疑林。』

〔二〕此賦文字多有錯謬。按《蟹略》卷三亦有此賦，較爲通順，可參。此處不再对校。

〔三〕李之鼎校曰：『目疑自之訛。』

〔四〕李之鼎校曰：『嗟，別本作羌。』《四明叢書》本、裘杼樓抄本作『咲』。

四庫提要

《騷略》三卷，宋高似孫撰。似孫有《剡録》，已著録。是編皆所擬騷賦凡三十三篇，其後《欸乃詞》一篇，集杜甫詩八句、柳宗元詩四句爲之，殊纖詭也。

四明叢書本張壽鏞序

《騷略》者，吾鄉高續古先生撰。擬騷，非論騷，與《史略》《子略》不同。然其論騷曰：『楚山川奇，草木奇。』足以盡騷矣。楚以國在蠻服，而無風。三閭崛起，作《離騷》，說者以爲上武風《詩》，繇是而楚之文化煌煌乎得與上國提衡。越爲禹後，《書》所録『五子之歌』，《詩》之體也，與虞廷賡歌相似。此邦人士於其故老遺言，聞之熟，必習之稔，豈無墨客詞女而能詩者乎？迺周大師亦以爲夷域而不之採，是誠生斯長斯者所引爲憾事也。先生山居而撰《騷略》，洵腷臆而能揚輝越邦者矣。夫鄞於春秋爲越境，以赤堇山在其中，《越絶書》所謂『赤堇之山破而出錫』，越語所謂『句踐之地東至於鄞』是也。先生於其間詳詠越事，猶屈楚人之言楚事耳。披讀《九懷》諸作，即可知其所蘊。掇《騷》之神，融《詩》之意，若僅以摛藻揚華、形貌酷肖而詡善，則譾淺乎眂之矣。賦爲六詩之一，班孟堅所謂古詩流者。《騷略》之所存，有《讀易》《秋蘭》《幽蘭》《後長門》《水僊花前、後》《松江蟹舍》七賦，均有爲而言，所寄者遠而所託深，匪無病呻吟者可比。山川壯色，草木增榮，鳥爲之翔，獸爲之走，於越因之有光矣。其曰『《離騷》可學，可學者章句也；不可學，不可學者志也』，先生有此奇志，則亦奇人也。取其《騷略》而重刊之，其亦好奇心之偶露也與，爰爲序以表之。民國二十年十二月後學張壽鏞。

宜秋館刻本李之鼎跋

此本亦出《百川學海》，復有明刊。其所著《疏寮小稿》别見《南宋群賢小集》，《四庫》列入存目。高氏所擬騷賦凡三十三篇，規撫前人，薰香摘艷，自具鑪錘，非誚等麟楥者所可同日共語。宋人自南渡後詩文靡弱，迥異北宋，高氏劬學尚古，上擬《騷經》，其學識誠加人一等矣。印本難求，爰彙刊之，以餉邦人君子。時癸亥仲夏，之鼎識於滬江寄盧。

疎寮小集

疎寮小集

《疎寮小集》一卷、補遺一卷，有《汲古閣景宋鈔南宋群賢六十家小集》本（群碧樓藏本，古書流通處印）、《兩宋名賢小集》本（卷三百十三，收入四川大學古籍所《宋集珍本叢刊》第一〇三册）、《南宋群賢小集》本、《宋人小集》本、《江湖小集》本。版本雖多，但其祖本可能都是南宋陳起所刻《江湖集》，因而差異極小。

《汲古閣景宋鈔南宋群賢六十家小集》（以下簡稱景宋本）所附知不足齋輯録《宋集補遺》有《疎寮小集補遺》一卷，於所録之詩考訂出處，最爲完備，本次整理，即以景宋本为底本。經比較，選取有代表性的《兩宋名賢小集》（以下簡稱兩宋本）本參校，其異文處亦參考其他版本。

目録

疎寮小集

入餘杭縣

明發遵西陸，驅車月流光。佳山迎車来，知是古餘杭。危樹露如雨，平野日未陽。支流滀清源，弱羽無高翔。人家叢灌下，世載山水鄉。扣門作午憩，白飯羞文魴。邂逅有足歡，離合非其常。主人不予鄙，予留亦徜徉。

憩昌化民家

晚程息勞轍，白日流西暉。水鳥得魚去，耘夫荷鋤歸。川原杳仟縣，林野雜依霏。一来扣竹館，相邀入荆扉。重巖吐清溜，澄陰有殘翡。曰予考此室，十世相因依。左右桑果足，歲日雞豚肥。豐猶未至裕，歉亦無能饑。予聞良自愜，欲謀北山薇。有田當共畊，有蠶當共衣。車夫猝無情，此志仍重違。

答李才翁

素意杳難尋，殘鑪属晚陰。花知西洛事，雁叫北人心。客共艱難盡，詩随老大深。金陵書不到，消息又沉沉。

宋江都研

數寸清純玉不如，入波陶髮冷蕭疎。千金爛抵荆山鵲，一璞深刳渭水魚。墨帶花香臨近澗，泓沉〔一〕燈影了殘書。從來端歙難優劣，名下真成士不虚。

答宇文文學

無能應俗苦皇皇，詩不驚人筆事荒。天下無山如飯顆，人間有水自滄浪。左杯右蟹一舟足，早韭晚菘三缻强。莫謂覺來亡可嗜，逢人猶自覓花忙。

燕文貴山水圖

道山堂上御府畫，展卷猶能記老燕。十日何由辦水石，千金乃可分江天。楚湘兩岸風落木，海嶽三秋雁度川。大山小山俱好隱，江南夢去曲肱眠。

答武昌吴廣文

平生不識武昌樓，官柳青青好在不。庾亮笛吹黄鵠月，簡栖碑駁碧苔秋。山横赤壁含情斷，水出瞿唐快意流。何處叫君同一醉，并舟秦女擘箜篌。

丹砂歌謝胡史君惠砂牀

宜州丹砂産暘谷，不比辰谿攢箭鏃。素霓深抱赤城霞，斬猩半染于闐玉。海日下照珊瑚紅，化爲姹女金芙蓉。一從擘華分禹璞，猶有絳炁埋雲峯。鑄鼎泥壇有消息，坐有光輝成五色。淮南雞犬亦同升，九轉真能生羽翼。

琵琶引

人生聚散難爲別，何况匆匆作吴越。梅梢帶雪下昭陽，明朝便隔關山月。長城不戰四夷平，臣妾一死鴻毛輕。回憑漢使報天子，爲妾奏此琵琶聲。長安城中百萬户，家家競學琵琶譜。酸聲苦調少人知，食雪天山憶蘇武。西風吹霜雁飛飛，漢宫月照秋砧衣。嫖姚已死甲兵老，公主公主何時歸？

銅雀硯歌

曹公夜讌凌雲臺，一言契闊含餘哀。分香老伎各雲雨，歌舞不盡埋蒿萊。漠漠頽基鄴山下，萬里煙雲無一瓦。井榦樽酒自平生，烏鵲飛南播遺雅。老農墾雨開荒寒，一礫千金苔未乾。

世人好奇不好近，直比周簋仍商盤。老璞渾渾殊質魯，得水猶能發妍嫵。更與人間作瓌古，月明夜盜西陵土。

黄居中瀟湘圖歌

天曜而雨斷兮，作蒼梧九嶷之高秋。風行而川怒兮，洩瀟湘洞庭之奔流。樹不知名兮，山抱複嶺。沙不計程兮，水趨他洲；波作止兮，蛟舞蛟蟄；雲晦明兮，猿呼猿愁。原不可作兮，蘭亦塵土；賈傅歸漢兮，鵩其何尤？誰呼魚兮，北滋有酒；誰鼓枻兮，南津有舟。懷斯人兮，杳靄千里；目悵望兮，吾其歸休。

寄吴鈐幹

有偉千人傑，能爲萬里游。挂帆春背雁，問澤夜驚鷗。道路空留滯，文章莫暗投。九疑生雨偏，三峽帶寒流。采藥青神觀，題詩白帝樓。乾坤供爛醉，星斗照閑愁。漢已歸蕭相，天難壽武侯。詞人頭欲雪，壯士淚如秋。中下猶須策，西南夙倚籌。有錢書盡買，滅虜〔二〕志終酬。猿破高唐夢，龍馴灧澦舟。行人定安穩，夏〔三〕近可歸不？

騎鸞引贈句曲山吴道士

夜騎白鸞出琳闕，一二〔四〕萬仙官鏘珮抉雲。雷妥帖，過剛風，左推日九〔五〕，右扶月一，息瑶池，翠水家，阿母迎謁龍軀車。青娥彈絲，玉妃酒圻。盡蟠桃，紅玉花，九天大人來問道，太極之前天不老。丹霞一炁玉樞宫，寳笈繩金容探討。井君沐浴波五色，洞房光芒上奔日。天上傳呼六丁直，星斗離離礙鸞翼。

疎寮小集補遺

聚景園

翠華不向苑中来，可是年年惜露臺。水際春風寒漠漠，官梅却作野梅開。

四聖觀

水明一色抱神州，雨壓輕塵不敢浮。山北山南人喚酒，春前春後客憑樓。射熊館暗花扶〔六〕扆，下鵠池深柳拂舟。白髮邦人能道舊，君王曾奉上皇遊。

以上見《武林舊事》。

石　楠

自随野意了〔七〕山行，香浸楠花白水生。借得風来帆便飽，隔溪新度一聲鶯。

术〔八〕

下簾深與意商量，無酒何如此夜長。一筯〔九〕术絲仙有分，依然只作秘書香。

梅

舍南舍北雪猶存，山外斜陽不到門。一夜冷香清入夢，野梅千樹月明村。

以上見《全芳備祖》〔一〇〕。

紀　夢

翠峰嵯峨三十六，寒泉落空響哀玉。甃〔一一〕花石路勢縈行，玉闌干護修筠緑。雪髯老人負紫瓢，金絲麈尾遥相招。紅螺酌酒湛湛碧，坐倚蒼石吹洞簫。孤鶴來傳天上詔，老人挽予偕一到。飄飄高舉凌青冥，直過罡風履黄道。祥光樓閣倚崢嶸，神虎守闕森衛兵。雙闔朱扉忽微啟，中有靈官来遠迎。絳衣持斧立丹陛，玉皇手中玉如意。雲璈風瑟自宫商，天聲清越非人世。帝旁青童傳帝宣，文華宫中呼謫仙。謫仙顧予笑且言，子宜亟〔一二〕返来他年。探懷贈我五色筆，子當寶之慎勿失。濃香氤氲迷帝所，長揖老人下西廡。身從日月上頭行，俯視斗杓今子午。雲氣相随步武生，過耳但覺松風鳴。覺来握筆紀佳夢，月明樓鼓撾三更。

見《陳隨隱漫録》。

蟹〔一三〕

天雨洞庭霜，寒驅蟹力忙。全然空俗味，只是作詩香。酒已方纔熟，橙猶未宜黄。讓渠茶竈火，和月煮滄浪。

校勘記

〔一〕「沉」，兩宋本作「澄」。

〔二〕「虜」，《四庫全書》所收兩宋本、江湖本作「鹵」，當爲四庫館臣抄寫時所改。

〔三〕「夏」，兩宋本作「身」。

〔四〕「二」，兩宋本、南宋本、江湖本、宋人小集本俱作「三」。

〔五〕「九」，兩宋本作「丸」。

〔六〕「扶」，兩宋本作「投」。按《武林舊事》卷四引作「扶」。

〔七〕「了」，兩宋本作「訂」。按《全芳備祖》卷十九引作「了」。

〔八〕兩宋本作「木香」。按《全芳備祖》後集卷二十九所引無題。

〔九〕「篘」，兩宋本作「樹」。按《全芳備祖》後集卷二十九引作「篘」。

〔一〇〕江湖本止於此。又按兩宋本並未注明「補遺」及各詩出處。

〔一一〕「毸」，兩宋本作「岩」。

〔一二〕「亟」，兩宋本作「急」。

〔一三〕此詩他本所無，見《蟹略》卷四。然《蟹略》所録高似孫詩甚多，此只録一首，不知何謂。

四庫提要

浙江巡撫採進本。最後附高似孫《疎寮小集》一卷，似孫即撰《緯略》者。《文獻通考》載《疎寮集》三卷，此所刻甚少，尚有他選所有，而此刻無之者。是集在宋頗著稱，陳振孫《書録解題》謂其作文怪澀，詩猶可觀，劉克莊《後村詩話》謂其詩能參誠齋活句，不知此刻所載，何以轉不完備？然士奇後序中，初未言及附刻《疎寮集》，疑爲士奇後人所加，更不暇博採歟。

選詩句圖

整理説明

《選詩句圖》不分卷，有《百川學海》本（以下簡稱百川本）。《四庫全書存目叢書》收録南京圖書館藏清鈔本（以下簡稱清鈔本），文字差異極小。本次整理，以百川本爲底本，以清鈔本參校，并據《文選》對明顯錯誤的文字予以校正。

選詩句圖目録

序

杜公訓兒『熟精選理』，兒豈能熟？ 公自熟耳。 蚤參公法，全律用六朝句。 不特公也，宋襲晋，齊沿宋，凡兹諸人，互相憲述。 神而明之，人莫知之；惟李善知之，予亦知之。 乃爲圖詁，略表所以憲述者。 法精且祕，悟其杜矣，姑畀兒，兒熟否？ 雖然，莫欺也，力[一]諸。 壬午十一月二十一日。

選詩句圖

漢

李陵　《漢書》曰：陵字少卿，爲侍中建章監，降匈奴，爲右校正。

嘉會難再遇，三載爲千秋。

遠望悲風至，對酒不能酬。劉休玄詩：『日夕凉風起，對酒長相思。』

行人難久留，各言長相思。

努力崇明德，皓首以爲期。蘇武詩：『願君崇令德，隨時愛景光。』

蘇武　《漢書》曰：武字子卿，爲栘中監，使匈奴十九年，歸拜典屬國。

昔爲鴛與鴦，今爲參與辰。

絲竹厲清聲，慷慨有餘哀。

願爲雙黄鵠，送子俱遠飛。古詩：『願爲雙鳴鶴，奮翅起高飛。』阮籍詩：『願爲雙飛鳥，比翼共翱翔。」建安中無名詩：「中有雙飛鳥，自名曰鴛鴦。」

馥馥我蘭芳，芬馨良夜發。

良友遠離别，各在天一方。曹植詩：「之子在萬里，江湖迴且深。」陸機詩：「遊子眇天末，還期不可尋。」

班婕妤《五言歌録》曰：成帝選婕妤，居增成舍，趙飛燕寵盛，婕妤失寵。帝崩，婕妤充園陵。

出入君懷袖，動摇微風發。古詩：「從風入君懷，四坐莫不嘆。」曹植詩：「願爲西南風，長逝入君懷。君懷長不開，賤妾當何依。」

常恐秋節至，凉風奪炎熱。古詩歌行曰：「常恐秋節至，焜黄華葉衰。」

魏

文帝《魏志》曰：文帝諱丕，字子桓，太祖太子也，爲五官中郎將。太祖薨，嗣位爲丞相、魏王。受漢禪，即皇帝位。

雙渠相溉灌，嘉木繞通川。《西京賦》曰：「嘉木樹庭。」《上林賦》曰：「通川過於中庭。」

草蟲鳴何悲，孤雁獨南翔。曹植詩：「孤雁飛南遊，過夜長哀吟。」左思詩：「披軒臨前庭，嗷嗷晨雁翔。」

天漢迴西流，三五正縱横。古詩：『河漢清且淺，相去復幾許。』鮑照〔二〕詩：『夜移衡漢落，徘徊帷户中。』

丹霞夾明月，華星出雲間。張載詩：『朝霞迎白日，丹氣臨湯谷。』

遊魚潛綠水，翔鳥薄天飛。阮籍詩：『綠水揚洪波，曠野莽茫茫。』

秋風發微涼，寒蟬鳴我側。

春鳩鳴飛棟，流猋激欞軒。

曹植《魏志》曰：植字子建，善屬文，封陳王。

員闕出浮雲，承露槩太清。《廣雅》曰：『扢，摩也。』槩與扢同，古字通。顔延年詩：『流雲藹青闕，皓月鑒丹宫。』

浮沉各異勢，會合何時諧。

明月澄清景，列宿正參差。謝朓詩：『曉星正寥落，晨光復泱漭。』曹植詩：『圓景光未滿，衆星粲以繁。』

樹木發春華，清池激長流。盧諶〔三〕詩：『下泉激洌清，曠野增遼索。』

朝遊江北岸，日夕宿湘沚。

秋蘭被長阪，朱華冒綠池。劉楨詩：『芙蓉散其華，菡萏溢金塘。』潘岳詩：『綠池泛淡淡，青柳何依依。』謝靈運詩：『澤蘭漸被逕，芙蓉始發池。』陸機詩：『幽蘭盈通谷，長秀被高岑。』

清時難屢得，嘉會不可常。李陵詩：『嘉會難再〔四〕逢。』

之子在萬里，江湖迥〔五〕且深。

應瑒

《魏志》曰：汝南應瑒字德璉，太祖辟爲丞相掾屬，後爲五官將文學。謝靈運《鄴中集詩序》曰：瑒汝潁之士，流離世故，頗有漂薄之歎。

朝雁鳴雲中，音響一何哀。陸機詩：『孤鴻號外野，朔鳥鳴北林。』張載詩：『仰聽離鴻鳴，俯聞蜻蛚吟。』謝靈運詩：『秋泉鳴北澗，哀猿響南巒。』

往春翔北土，今冬客南淮。謝靈運詩：『嗷嗷雲中雁，舉翮自委羽。求凉弱水湄，違寒長沙渚。』成公綏《雁賦》曰：『濱弱水之陰岸。』

應璩

《文章録》曰：璩字休璉，博學好屬文，明帝時歷散騎侍郎。曹爽多違法度，璩爲詩以諷焉。典著作，卒。《文章志》曰：璩，汝南人也。

文章不經國，筐篋無尺書。《新序》孫叔敖曰：『筐篋之囊簡書。』

問我何功德，三入承明廬。曹植詩：『謁帝承明廬，逝將歸舊疆。』

劉楨《魏志》曰：楨字公幹，少有文學，太祖辟丞相掾屬。太子嘗請諸文學，酒酣，命甄氏出拜，坐中皆伏，楨獨平視。太祖聞之，收楨，減死輸作。著文賦數十篇。謝靈運《鄴中集詩序》曰：楨卓犖偏人而文最有氣，所得頗經奇。

清風凄已寒，白露塗中庭。謝朓詩：『梢梢枝早勁，塗塗露晚晞。』《楚辭》曰：『白露紛以塗塗。』王逸曰：『塗塗，厚貌也。』

白日入虞淵，懸車息駟馬。陸機詩：『虞淵引絶景，四時逝若飛。』

王粲《魏志》曰：粲字仲宣，山陽人。獻帝西遷，粲從至長安。以西京擾亂，乃之荆州依劉表。後太祖辟爲右丞相掾。魏國建，爲侍中。謝靈運《鄴中集詩序》曰：粲家本秦川貴公子孫，遭亂流寓，自傷情多。

生爲百夫雄，死爲壯士規。《漢書》：項羽謂樊噲曰：『壯士也！』《吕氏春秋》曰：張儀，壯士也。

凉風撤蒸暑，清雲却炎暉。

曲池揚素波，列樹敷丹榮。《列女傳》：津吏女曰：『水揚波兮杳冥冥。』

南登霸陵岸，回首望長安。阮籍詩：『徘徊蓬地上，還顧望大梁。』又詩：『登高望九州，悠悠分曠野。』徐悱詩：『登障起遐望，回首見長安。』鮑照詩：『升高臨四闕，表裡望皇州。』又詩：『登川邈離異。』顔延年詩：『前登陽城路，日夕望山川。』又詩：『卻倚雲夢林，前瞻京臺囿。』謝朓詩：『灞涘望長安，河陽視京縣。』又詩：『引顧見京室，宫雉正相望。』沈約詩：『南瞻儲胥觀，西王昆明池。』謝靈運詩：『西顧太行心，北眺邯鄲道。」盧諶詩：『北眺沙漠垂，南望舊京路。』

蘿蒲竟廣澤，葭葦夾長流。

山岡有餘映，巖阿增重陰。《通俗文》曰：『日陰曰映。』

方舟溯大江，日暮愁我心。郭璞曰：『方舟，併兩船也。』

上有特棲鳥，懷春向我鳴。

今日不極歡，含情欲待誰。古樂府：『今日尚不樂，當復待何時。』

詩人樂美士，雖客猶願留。古詩：『客行雖云樂，不如早旋歸。』

回身入空房，托夢通精誠。

晋

郭璞

臧榮緒《晋書》曰：璞字景純，河東人。璞性放散，不修威儀。爲佐著作，後轉王敦記室參軍。敦謀逆，爲敦所害。又云：有人見其睡，形變爲鼉精也。

臨源挹清波，陵崗多丹荑。

翡翠戲蘭苕，容色更相鮮。鄒潤甫《遊仙詩》：『潛潁隱九泉，女蘿緑高松。』此亦遊仙也。

寒露拂陵苕，女蘿辭松柏。

潛潁怨青陽，陵苕哀素秋。《爾雅》曰：「苕，陵苕也。」

謝混

臧榮緒《晉書》曰：混字叔源，善屬文，爲左僕射，以黨劉毅誅。沈約《宋書》曰：混，丹陽西池人也。

惠風蕩繁囿，白雲屯曾阿。邊讓《章華臺賦》曰：「惠風春施。」陸機詩：「躑躅遵林渚，惠風入我懷。」

景昊鳴禽集，水木湛清華。

盧諶

徐廣《晉記》曰：諶字子諒，范陽人，有才理，顯宗徵散騎常侍。段末波愛其才，託以道險不遣。末波死，諶依石季龍。冉閔誅石氏，諶隨閔軍遇害。

北眺沙漠垂，南望舊京路。江淹詩：「飲馬出城濠，北望沙漠路。」

平陸引長流，崗巒挺茂樹。

中原厲迅飇，山阿起雲霧，

凝霜霑蔓草，悲風振林薄。阮籍詩：「朱華振芬芳。」

妙詩申篤好，精義貫幽賾。

傅咸

王隱《晉書》曰：咸字長虞，北地人，爲司隸校尉。

日月光太清，列宿耀紫微。謝靈運詩：「列宿炳天文，負海横地理。」

孫楚

臧榮緒《晉書》曰：楚字子荆，太原人。征西扶風王駿與楚舊好，起參軍爲馮翊太守。

晨夙飄歧路，零雨被秋草。李陵詩：「欲因晨風起，送子以賤軀。」

孰能察此心，鑒之以蒼昊。

石崇

臧榮緒《晉書》曰：崇字季倫，渤海人也。早有智慧，稍遷至衛尉。初，崇與賈謐善，謐既誅，趙王倫專任孫秀。崇有妓曰緑珠，秀使人求之，崇不許，秀勸倫殺崇，遂被害。

苟生亦何聊，積思常憤盈。蔡琰詩：「心吐思兮胸憤盈。」

飛鴻不我顧，佇立以屏營。上二句云：「願假飛鴻翼，乘之以遐征。」魏文帝《喜霽賦》曰：「思寄目於鴻鸞，舉六翮而輕飛。」

朝華不足歡，甘與秋草並。古詩：「傷彼蕙蘭花，含英揚光輝。過時而不采，將隨秋草萎。」

傳語後世人，遠嫁難爲情。《漢書》張禹曰：「有愛女遠嫁。」

潘尼　《文章志》：尼字正叔，有清才，應州辟。後以父老歸養，終乃出仕，位太常。

南山鬱岑崟，洛川迅且急。　謝靈運詩：『河流有急瀾，浮驂無緩轍。』又詩：『遡流觸驚急，臨圻阻參錯。』曹植詩：『江介多悲風，淮泗馳急流。』

青松蔭修嶺，緑蘩被廣隰。

亹亹孤獸騁，嚶嚶思鳥吟。　阮籍詩：『走獸交横馳，飛鳥相隨翔。』

山澤紛紆餘，林薄杳阡眠。

陸機　王隱《晉書》曰：機字士衡，吴郡人，爲牙門將軍。吴平，太傅楊駿辟祭酒，轉爲太子洗馬。後成都王穎以機爲司馬，參大將軍軍事，爲穎所害。

孟諸吞雲夢，百二侔秦京。　又詩：『發軫高洛汭，驛馬大河陰。』謝朓詩：『江南佳麗地，金陵帝王州。』又詩：『宛洛佳遨遊，春色滿皇州。』又詩：『洞庭張樂地，瀟湘帝子遊。』又詩：『鵠起登吴山，鳳翔陵楚甸。』又詩：『一别阻漢坻，雙崤望河澳。』又詩：『東限琅琊臺，西拒孟諸陸。』謝靈運詩：『越海陵三山，遊湘歷九嶷。』顔延年詩：『振樴發吴州，秣馬陵楚山。』又詩：『江漢分楚望，衡巫奠南服。』又詩：『三湘淪洞庭，七澤藹荆牧。』又詩：『入河起陽峽，踐華因削成。』盧諶詩：『北踰芒與河，南臨伊與洛。』江淹詩：『南關繞桐柏，西嶽出魯陽。』袁淑詩：『長安五陵間，秦地天下樞。』鮑照詩：『朝遊雁門上，暮還樓煩宿。』謝靈運詩：『北渡黎陽津，南登紀郢城。』

曲池河湛湛，清川帶華薄。《楚辭》曰：『皋蘭被徑兮斯露漸。』
清露被皋蘭，凝霜沾野草。謝朓詩：『誰能久京洛，緇塵染素衣。』劉休玄詩：『臥覺明燈晦，坐見輕紈緇。』
京洛多風塵，素衣化爲緇。
南望泣玄渚，北邁涉遠林。又詩：『永嘆遵南渚，遺思結南津。』
輕條象雲構，密葉成翠幄。《齊都賦》曰：『翠幄浮遊。』
凝冰結重澗，積雪被長巒。
猛獸凴林嘯，玄猿臨岸嘆。
激楚佇蘭林，回芳薄秀木。《上林賦》曰：『激楚結風。』
大火貞朱光，積陽熙自南。鮑照詩：『赤阪横西阻，火山赫南威。』潘岳詩：『南陸迎修景，朱明送末垂。』崔駰賦曰：『迎夏之首，末春之垂。』
孤獸思故藪，離鳥悲舊林。張載詩：『流波戀舊浦，行雲思故心。』
蕙草饒淑氣，時鳥多好音。
谷風拂修薄，油雲翳高岑。王僧達詩：『聿來歲序暄，青雲出東岑。』
和風飛清響，鮮雲垂薄陰。又詩：『零露垂鮮澤，朗月耀其輝。』
清川含藻景，高崖被華丹。

招摇西北指，河漢東南傾。鮑照詩：『夜移河漢落，徘徊帷户中。』

昭昭清漢暉，粲粲光天步。謝靈運詩：『照灼爛霄漢，遥裔起長津。』

人生無幾何，爲樂常苦晏。

江蘺生幽渚，微芳不足宣。魏武帝詩：『蒲生我池中，葉何一離離。』劉楨詩：『磷磷水中石，蘋藻生其涯。』謝靈運詩：『微尚不及宣。』

念君久不歸，濡跡涉江湘。

但恨功名薄，竹帛無所宣。王讚詩：『師涓久不奏，誰能宣我心。』

夏條集鮮藻，寒冰結衝波。《文子》曰：『夏條可結。』

陸雲

王隱《晋書》曰：雲字士龍，少與兄機齊名，號〔六〕曰二陸，爲吴王郎中令。出宰浚儀，有惠政。機被收，并收雲。

通波激枉渚，悲風薄丘榛。《楚辭》曰：『朝發枉渚。』《淮南子》注曰：『叢木曰榛。』陸機詩：『頓轡倚嵩巖，側聽悲風響。』

時暮復何言，華落理必賤。

南津有絶濟，北渚無河梁。劉休玄詩：『河廣川無梁，山高路難越。』謝朓詩：『風雲有鳥路，江漢限無梁。』魏文帝詩：『願飛安得翼，欲濟河無梁。』曹植詩：『伊洛廣且深，欲濟川無梁。』

傅玄 臧榮緒《晉書》曰：玄字休奕，北地人，善屬文，舉秀才，至司隸校尉。

繁星依青天，列宿自成行。

纖雲時彷佛，渥露沾我裳。曹植詩《魏德論》曰：『纖雲不形，陽光赫戲。』劉楨詩：『皎月垂素光，玄雲爲彷佛。』

良時無停景，北斗忽低昂。

王康琚 《古今詩英華》曰：晉王康琚，爵里未詳。

鵾雞先晨鳴，哀風迎夜起。陸機詩：『哀風中夜流，孤獸更我前。』

推分得天和，矯性失至理。

張華 臧榮緒《晉書》曰：華字茂先，范陽人，好文義，博覽。爲太常博士，轉兼中書郎，遷司空，爲趙王倫所害。

蘭蕙緣清渠，繁華蔭緑渚。佳人不在兹，取此欲誰與。

佳人處遐遠，蘭室無容光。

繁霜降當夕，悲夙中夜興。

左思

臧榮緒《晉書》曰：思字太沖，齊國人，博覽文史，作《三都賦》。徵爲秘書。

左眄澄江湘，右盼定羌胡。顔延年詩：『藐盼覯青崖，衍漾觀緑疇。』《廣雅》曰：『盼，視也。』《方言》曰：『澄，清也。』馬融《論語注》曰：『盼，動目貌。』

白雪停陰岡，丹葩耀陽林。

石泉漱瓊瑶，纖鱗亦浮沉。陸機詩：『山溜何泠泠，飛泉漱鳴玉。』《楚辭》曰：『飲石泉兮蔭松柏。』

桑條旦夕勁，緑葉日夜黄。

弱葉棲霜雪，飛榮流餘津。

殷仲文

檀道鸞《晉陽秋》曰：仲文字仲文，陳郡人，爲驃騎行參軍。以桓玄之姊夫，玄僭立，用爲長史。帝反正，出爲東陽太守，愈益憤怒。後照鏡不見其面，數日禍及。

景氣多明遠，風物自淒緊。

爽籟警幽律，哀壑扣玄牝。《大戴禮》曰：『丘陵爲牡，溪谷爲牝。』

阮籍

臧榮緒《晋書》曰：籍字嗣宗，陳留人。容貌傀傑，志氣閑放。爲尚書郎，遷步兵校尉。袁宏《竹林名士傳》曰：籍以步兵校尉闕，厨中有數斛酒，求爲校尉。大將軍甚奇愛之。

二妃遊江濱，婉孌有芬芳。

膏沐爲誰施，其雨怨朝陽。

松柏翳岡岑，飛鳥鳴相過。

鳴鴈飛南征，鶗鴂發哀音。

湛湛長江水，上有楓樹林。《楚辭》曰：『湛湛江水兮，上有楓樹。』

三楚多秀士，朝雲進荒淫。孟康《漢書注》曰：江陵爲南楚，吴爲東楚，彭城爲西楚。

芳樹垂緑葉，青雲自逶邐。

一身不自保，何况戀妻子。沈約曰：榮悴去就，此人本無保身之術，况復妻子者乎。

自非王子晋，誰能常美好。又詩：『焉見王子喬，可以慰我心。』謝靈運詩：『始憶安期術，得盡養生年。』古詩：『仙人王子喬，難可與等期。』

歐陽建　王隱《晉書》曰：石崇外甥歐陽建，渤海人也，爲馮翊太守。趙王倫之爲征西，撓亂關中，建每匡正不從，有隙，及倫篡立，勸淮南王允誅倫，未行，事覺，倫收崇、建及母妻，無少長皆行斬刑。孫盛《晉陽秋》曰：建字堅石。

松柏隆冬悴，然後知歲寒。

不涉太行險，誰知斯路難。

張載　臧榮緒《晉書》曰：載字孟陽，武邑人，有才華。拜著作佐郎，遷領著作，稱疾告歸。

白露中夜結，木落柯條森。

弱草不重結，芳蕤豈再馥。

浮陽映翠林，回飈扇緑竹。

飛雨灑朝蘭，輕露棲叢菊。

金風扇素節，丹霞啟陰期。

寒花發黄采，秋草含緑滋。江淹詩：『庭樹發紅彩，閨草含緑滋。』劉休玄詩：『堂上流塵生，庭中緑草滋。』古詩：『回風動地氣，秋草萋已緑。』

陽鳥收和響，寒蟬無餘音。

朝霞迎白日，丹氣臨湯谷。

翳翳結繁雲，森森散雨足。《論衡》曰：「初出爲雲，繁雲爲翳。」又詩：「雲根臨八極，雨足灑四溟。」

淒風起東谷，有渰興南岑。江淹詩：「有渰興春節，愁霖貫秋序。」

密葉日夜疏，叢林森如束。左思詩：「緑葉日夜黄。」

澤雉登壟雊，寒猿擁條吟。王粲詩：「波流激清響，猴猿臨岸吟。」

潘岳

臧榮緒《晉書》曰：岳字安仁，中牟人，摛藻清艷。司空太尉府舉秀才，高步一時，爲衆所疾。《世説》曰：孫秀既恨石崇不與緑珠，憾潘岳昔遇之不以禮。秀爲中書令，岳於省内謂秀曰：「孫令憶疇昔周旋不？」秀曰：「中心藏之，何日忘之？」岳於是始知不免。後收石崇，同日收岳。石先送市，亦不相知。潘後至，石謂潘曰：「安仁，卿亦復爾邪？」潘曰：「可謂白首同所歸。」岳《金谷集詩》乃成其讖。王隱《晉書》曰：岳父文德，爲琅琊太守。孫秀時爲小吏，岳於秀不以仁遇也。

落英隕林趾，飛莖秀陵喬。

川氣冒山嶺，驚湍激巖阿。

白水過庭激，緑槐夾門植。曹植詩：「樹木發春華，清池激長流。」

歸雁映蘭持，游魚動圓波。謝叔源詩：「褰裳順蘭沚，徙倚引芳柯。」李善曰：「沚與持同。」

鳴蟬厲寒音，時菊耀秋華。

司馬彪

臧榮緒《晉書》曰：彪字紹統，拜散騎侍郎。

卞和潛幽冥，誰能證奇璞。

苕苕倚桐樹，寄生於南嶽。古詩：『冉冉孤生竹，結根泰山阿。』左思詩：『鬱鬱澗底松，離離山上苗。』何劭詩：『青青陵上松，亭亭高山柏。』劉楨詩：『鳳凰集南嶽，徘徊孤竹根。』又詩：『亭亭山上松，瑟瑟谷中風。』江淹詩：『蒼蒼山中桂，團團霜露色。』

何劭

臧榮緒《晉書》曰：劭字敬宗，陳國人，善屬篇章，遷左僕射。《傅咸集》曰：何敬宗，咸之從内兄也。

道深難可期，精微非所慕。魏武帝詩：『道深未可得，名山歷觀行。』

閑房來清風，廣庭發暉素。古長歌行：『昭昭素明月，暉光燭我牀。』陸機詩：『清露墜素暉，明月一何朗。』

吉士懷貞心，悟物思遠託。

俯臨清泉湧，仰觀嘉木敷。謝靈運詩：『俯濯石下泉，仰看條上猿。』又詩：『企石挹飛泉，攀林擿葉卷。』

王讚 臧榮緒《晋書》曰：讚字正長，義陽人，博學有俊才，歷散騎侍郎。

朔風動秋草，邊馬有歸心。

張協 臧榮緒《晋書》曰：協字景陽，載弟也，兄弟守道不競，以屬詠自娱。後爲黄門侍郎，託疾絶人事。

人情懷舊鄉，客鳥思故林。《文子》曰：『鳥飛反鄉，依其所生。』

郭泰機 《傅咸集》曰：河南郭泰機，寒素後門之士。

達人知止足，遺榮忽如無。

劉琨 王隱《晋書》曰：劉琨字越石，中山静王之後。永嘉中爲并州刺史，與盧志親善，志子諶。琨先辟之，後爲從事中郎。段匹磾領幽州牧，諶求爲匹磾别駕，爲匹磾所害。

寒女雖妙巧，不得秉杼機。傅咸答泰機詩曰：『貧寒猶手拙，操杼安能工。』古詩曰：『札札弄機杼。』

天寒卻運速，况復雁南飛。

朱實隕勁風，繁英落素秋。劉楨書曰：『肅以素秋。』

功業未及建，夕陽忽西流。

曹攄 臧榮緒《晉書》曰：攄字顏遠，譙國人，篤志好學。參南國中郎將，遷高密王左司馬。流人王逌等寇掠城邑，攄與戰，軍敗而死。

密雲翳陽景，霖潦淹庭除。

凜凜天氣清，落落卉木疏。杜篤《首陽山賦》曰：「長松落落。」

褰裳不足難，清陽未可俟。

精義測神奥，清機發妙理。盧諶詩：「理以精神通，匪曰形骸隔。」

棗據 《今〔七〕書七志》曰：據字道彦，潁川人，遷中庶子。

深谷下無底，高巖暨穹蒼。

玄林結陰氣，不風自寒凉。

張翰 《七志》曰：翰字季鷹，吴郡人，文藻新麗。齊王冏辟爲東曹掾，天下亂，東歸。

青條若總翠，黄花如散金。

嘉卉亮可觀，顧此難久耽。

宋

謝瞻

《今書七志》曰：瞻字宣遠，東郡人，能屬文，爲黄門郎。以弟晦權貴，求爲豫章太守，卒。

夕霽風氣凉，閑房有餘清。何劭曰：「閑房來清氣。」

輕霞冠秋日，迅商薄清穹。張載詩：「秋氣吐商氣，蕭瑟掃前林。」

頹陽照通津，夕陰曖平陸。《楚辭》曰：「日晻晻而下頽。」

繁林收陽彩，密苑解華叢。

巢幕無留燕，遵渚有來鴻。

綢繆結風徽，煙煴吐芳訊。《演連珠》曰：「肆義芳訊。」顔延年詩：「君子吐芳訊，感物惻餘衷。」

范曄

沈約《宋書》曰：曄字蔚宗，潁陽人。爲高祖相國掾，遷太子詹事，坐反，誅。

蘭池清夏氣，修帳含秋陰。《三輔黄圖》曰：蘭池觀在城外。

睇目有極覽，遊情無近尋。

遵渚攀蒙密，隨山上嶇嶔。

顔延年　沈約《宋書》曰：延年字延之，琅琊人。讀書無所不覽，文章之美，冠絶當時。爲秘書監太常。

寢興日已寒，白露生庭蕪。
陽陸團精氣，陰谷曳寒煙。
元天高北列，日觀臨東溟。
昔醉秋未素，今也歲載華。
歲候方過半，荃蕙豈久芬。古詩：『香風難久居，空令蕙草殘。』江淹詩：『不惜蕙草晚，所悲道路寒。』
歲除去漢宇，襟衛徙吴京。
春江壯風濤，蘭野茂稊英。
江漢分楚望，衡巫奠南服。
三湘淪洞庭，七澤藹荆牧。謝靈運詩：『洞庭空波瀾。』
松風遵路急，山煙冒隴生。
離獸起荒蹊，驚鳥縱横去。阮籍詩：『離獸東南下。』
夜蟬當夏急，陰蟲先秋聞。
庭昏見野陰，山明望松雪。
朔風厲嚴寒，陰氣下微霜。

吊屈汀洲浦，謁帝蒼山蹊。謝朓詩：『雲去蒼梧野，水還江漢流。』

陰風振凉野，飛雷瞀窮天。陸機詩：『凉野多險難。』瞀，武賦切。郭璞曰：『昏冥也。』

謝靈運

沈約《宋書》曰：靈運，陳郡人，文章之美，江左莫逮。辟琅琊王大司馬，爲臨川郡守，爲有司所糾，徙付廣州，遂令趙欽等要合鄉里健兒於三江口篡取。有司奏依法收罰，詔棄市廣州。

又云：襲封康樂侯。

衆賔悉精妙，清辭灑蘭藻。顔延年詩：『芬馥歇蘭若，清越奪琳珪。』劉楨詩：『君侯多壯思，文雅縱横飛。』

潛虯媚幽姿，飛鴻響遠音。

初景革緒風，新陽改故陰。《楚辭》曰：『欸秋冬之緒風。』王逸曰：『緒，餘也。』顔延年詩：『倚巖聽緒風，攀林結留荑。』王逸曰：『留荑，香草也。』

秋岸澄夕陰，火旻團朝露。

初篁苞緑籜，新蒲含紫茸。服虔《漢書注》曰：『篁，叢竹也。籜，竹皮也。』江淹賦曰：『擢紫茸茸。』《倉頡篇》曰：『茸，草貌也。』李善曰：『此蒲草也。』

沈冥豈别理，守道自不攜。《漢書》曰：『蜀嚴湛冥久幽而不改其操。』《尸子》曰：『守道固窮。』

慮澹物自輕，意愜理無違。《淮南子》曰：『澹然無慮。』孫卿子曰：『内省則外物輕矣。』

乘月黔哀狖，浥露馥芳蓀。

池塘生春草，園柳變鳴禽。

山桃發紅蕚，野蕨漸紫苞。《詩》疏曰：『蕨，山菜也。』

首夏猶清和，芳草亦未歇。張衡《歸田賦》曰：『仲春令月，時和氣清。』《楚辭》曰：『芳草歇而不被。』

季秋邊朔苦，旅雁違霜雪。王僧達詩：『仲秋邊風起，孤蓬卷霜根。』《列子》曰：『禽獸之智，違寒就温。』

林壑斂暝色，雲霞收夕霏。

芰荷迭映蔚，蒲稗相因依。阮籍詩：『回風吹四壁，寒鳥相因依。』謝朓詩：『汀葭稍靡靡，江菼復依依。』

白雲抱幽石，緑篠媚清漣。

亂流趨正絶，孤嶼媚中川。

石横水分流，林密蹊絶蹤。

野曠沙岸净，天高秋月明。

春晚緑野秀，巖高白雲屯。謝混詩：『惠風蕩繁囿，白雲屯曾阿。』謝惠連詩：『屯雲蔽曾嶺，驚風涌飛流。』

巖下雲方合，花上露猶泫。

蘋萍泛沈深，菰蒲冒清淺。

荒林紛沃若，哀禽相叫嘯。

銅陵映碧澗，石磴瀉紅泉。靈運《山居賦》曰：『訊丹沙於紅泉。』

瑶華未堪折，蘭苕已屢摘。『路阻莫贈問，云何慰離析。』陸機詩：『上山采瓊蘂，穹谷饒芳蘭。采采不盈掬，悠悠懷所歡。』江淹詩：『褰裳摘明珠，徙倚折蕙若。』

寸心若不亮，微命察如絲。

遠巖映蘭薄，白日麗江皋。《楚辭》曰：『朝騁騖兮蘭薄。』

曉霜楓葉丹，夕曛嵐氣陰。夏侯湛《山路吟》曰：『道逶迤兮嵐氣清。』《埤蒼》曰：『嵐，山氣也。』

密林含餘清，遠峰隱半規。《呂氏春秋》曰：『冬不用箑，清有餘也。』張載詩：『白日隨天迴，皦皦圓如規。』

昏旦變氣候，山水含清暉。左思詩：『非必絲與竹，山水有清音。』

山行窮登頓，水涉盡洄沿。又詩：『過澗既厲急，登棧亦陵緬。』又詩：『辛勤風波事，款曲洲渚言。』又詩：『客游倦水宿，風潮難具論。』

巖峭嶺稠疊，洲縈渚連綿。又詩：『川渚屢逕復，乘流翫迴轉。』沈約詩：『山嶂遠重疊，竹樹近蒙籠。』又詩：『連峰競千仞，背流各百里。』江淹詩：『巖崿轉奇秀，岑崟還相蔽。』

石淺水潺湲，日落山照耀。

連嶂疊巘崿，青翠杳深沉。《文字集略》曰：『崿，崖也。』

崖傾光難留，林深響易奔。側逕既窈窕，環洲亦玲瓏。又詩：『逶迤傍隈隩，迢遞陟陘峴。』曹攄詩：『轗軻石行難，窈窕山道深。』雲日相輝映，空水共澄鮮。不惜去人遠，但恨莫與同。

謝惠連

沈約《宋書》曰：謝惠連，陽夏人，聰敏能屬文，族兄靈運深加知賞。辟州主簿，不就。後爲司徒彭城王法曹。爲《雪賦》，以高麗見奇。年二十七卒。

屯雲蔽曾嶺，驚風涌飛流。零雨潤墳澤，落雪灑林丘。蕭瑟含風蟬，寥唳度雲雁。寒商動秋幃，孤燈曖幽幔。白露滋園菊，秋風落庭槐。臨津不得濟，佇檝阻風波。斐斐氣幕岫，泫泫露盈條。

陶潛 沈約《宋書》曰：潛字淵明，或云字元亮，潯陽人，有高趣。爲鎮軍建威參軍，後爲彭澤令，去職，卒於家。

昭昭天宇闊，皛皛川上平。李顒《離思篇》：『烈烈寒氣嚴，寥寥天宇清。』陸機詩：『歲莫涼風發，昊天肅明明。』謝惠連詩：『皎皎天月明，奕奕河宿爛。』《説文》曰：『通白曰皛。』

采菊東籬下，悠然見南山。江淹擬陶詩：『素心正如此，開徑望三益。』

山氣日夕佳，飛鳥相與還。

秋菊有佳色，裛露掇其英。

孟夏草木長，繞屋樹扶疎。

詩書敦夙好，園林無世情。

微雨從東來，好風與之俱。

涼風起將夕，夜景湛虚明。

日暮天無雲，春風扇微和。張翰詩：『暮春和氣應，白日照園林。』何劭詩：『暮春忽復來，和風與節俱。』

王僧達 沈約《宋書》曰：僧達，琅琊人，善屬文，至中書令。以屢犯上顔賜死。

珪璋既文府，精理亦道心。

仲秋邊風起，黄沙千里昏。

崇情符遠跡，清氣溢素襟。《思玄賦》曰：「盍遠跡以飛聲。」陸景《典語》曰：「清氣漂於青雲之上。」《聲類》曰：「襟，交領也。」

惠而能好我，問以瑶華音。

麥壟多秀色，楊園流好音。魏文帝《登城賦》曰：「嘉麥被壟。」陸機詩：「蕙草饒淑氣，時鳥多好音。」

劉休玄

沈約《宋書》曰：南平穆王鑠字休玄，文帝第四子，好舉有文才。元兇弒立，以爲中軍將軍。世祖入討，歸世祖，進侍中、司空。後以藥内食中毒殺之。

寒螿翔水曲，秋兔依山基。《淮南子》曰：「寒螿翔水。」

玉宇來清風，羅帳延秋月。古詩：「明月何皎皎，照我羅床幃。」

落宿半遥城，浮雲靄曾闕。鄭玄《詩箋》曰：「曾，重也。」魏文帝詩：「員闕出浮雲，承露槩太清。」

芳年有華月，佳人無還期。

願垂薄暮景，照妾桑榆時。陸機詩：「願君廣末光，照妾薄暮年。」

淚容不可飾，幽鏡難復治。曹植詩：「膏沐誰爲容。」

誰爲客行久，屢見流芳歇。潘岳詩：「流芳未及歇。」

袁淑 孫巖《宋書》曰：淑字陽源，陳郡人，好屬文。彭城王起爲祭酒，遷至左衛率。凶劭當行篡逆，淑諫，見害。

荆魏多壯士，宛洛富少年。曹植詩：『名都多妖女，京洛出少年。』王逸《荔枝賦》曰：『宛洛少年。』

夕寐北河陰，夢還甘泉宫。又詩云：『彯節去函谷，投珮出甘泉。』

義分明於霜，信行直如弦。鮑照詩：『清如玉壺冰，直如朱絲繩。』

寒燠豈如節，霜雨多異同。

伐木青江湄，設置守毚免。

鮑照 沈約《宋書》曰：照字明遠，文辭贍逸。爲中書舍人，後爲臨海王子瑱掌書記。子瑱兵敗，爲亂兵所殺。

歸華先委露，別葉早辭風。

羽檄起邊亭，烽火入咸陽。徐悱詩：『甘泉警烽候，上谷拒樓蘭。』

開芳及稚節，含采各驚春。

鱗鱗夕雲起，獵獵曉風遒。

獸肥春草短，飛鞚越平陸。魏文帝《典論》曰：『弓燥手柔，草淺獸肥。』

騰沙鬱黄靄，翻浪揚白鷗。

胡風吹朔雪，千里度龍山。蔡琰詩：「處所多霜雪，胡風春夏起。」《楚辭》：「層冰峨峨，飛雪千里。」范雲詩：「寒沙四面平，飛雪千里驚。」

王微　沈約《宋書》曰：微字景玄，好學，無不通覽。舉秀才，爲吏部郎。

弄絃不成曲，哀歌送苦言。

孟冬寒風起，東壁正中昏。張華詩：「東壁立昏中，固陰寒節升。」潘岳詩：「南陸迎修景，朱明送未垂。」張載詩：「大火流坤維，白日馳西陸。」阮籍詩：「是時鶉火中，日月正相望。」又詩：「炎暑惟兹夏，三旬將欲移。」劉楨詩：「四節相推斥，季冬風且凉。」《廣雅》曰：「斥，推也。」

誰知心曲亂，所思不可論。沈約詩：「夢中不識路，何以慰相思。」繆襲《嘉夢賦》曰：「心灼爍其如陽，不識道之焉如。」

沈約　劉璠《梁典》曰：約字休文，吴興人。少爲蔡興宗所知，引爲安西記室。梁興，稍遷至侍中、丹陽尹、建昌侯，謚曰隱。

所累非外物，爲念在玄空。

翠鳳翔淮海，襟帶繞神坰。徐敬業詩：「表裏窮形勝，襟帶盡巖巒。」

茅棟嘯秋鴟，平岡走寒兔。任預雪詩：「寒鳶響雲嘯，悲鴻覺夜嗷。」王粲詩：「狐狸馳赴穴，飛鳥翔故林。」《淮南子》曰：「兔歸窟而蜚翔。」

白水滿春塘，旅雁每迴翔。劉楨詩：「方塘含白水，中有鳧與雁。」謝靈運詩：「旅雁違霜雪。」

野棠開未落，山櫻發欲然。

虛館清陰滿，神宇曖微微。《南都賦》曰：「清廟肅以微微。」

傾壁忽斜豎，絶頂復孤員。

夕陰帶曾阜，長煙引輕素。

山中有桂樹，歲暮可言歸。

勿言一樽酒，明日難重馳。蘇武詩：「我有一樽酒，將以贈遠人。」

愛而不可見，宿昔減容儀。

陸厥　蕭子顯《齊書》曰：厥字韓卿，吴人。善屬文，舉秀才，選太子傅功曹掾。

鳧鵠嘯儔侶，荷芰始參差。《蜀都賦》曰：「鴻儔鵠侶。」

歲暮寒飇及，秋水落芙蕖。

惜哉時不與，日暮無輕舟。劉琨詩：「時哉不我與。」王粲詩：「我願執此鳥，惜哉無輕舟。」曹植詩：「願欲一輕濟，惜哉無方舟。」

謝朓

蕭子顯《齊書》曰：朓字玄暉，陳郡人，文章清麗。解褐爲豫章王參軍，遷吏部郎，知衛尉。江祐等謀立始安王遥光，朓不肯，祐白遥光，收朓獄死。

仟眠起雜樹，檀欒蔭修竹。

紫殿肅陰陰，彤庭赫弘敞。顔延年詩：『雨闈阻通軌，對禁限清風。』韓厥詩：『屬叨金馬署，又點銅龍門。』范雲詩：『攝官青瑣闥，遥望鳳凰池。』劉楨詩：『拘限清切禁，中情無由宣。』陸機詩：『挈身登秘閣，秘閣峻且玄。』

紅藥當階翻，蒼苔依砌上。魏文帝詩：『蜘蛛繞户牖，野草當階生。』張載詩：『青苔依空墻，蜘蛛網四屋。』

江路西南永，歸流西北騖。宋孝武帝《之江州》詩：『山曲蒙幽雨，江路結流寒。』

田鶴遠相叫，沙鴇忽争飛。

遠樹曖仟仟，生煙紛漠漠。

魚戲新荷動，鳥散餘花落。

秋河曙耿耿，寒渚夜蒼蒼。劉楨詩：『月出照園中，珍木鬱蒼蒼。』曹植詩：『太谷何寥廓，山樹鬱蒼蒼。』

金波麗鳷鵲，玉繩低建章。

天際識歸舟，雲中辨江樹。

餘霞散成綺，澄江静如練。

大江流日夜，客心悲未央。

日隱澗疑空，雲聚岫如複。

喧鳥覆春洲，雜英滿芳甸。

良辰定何許，夙昔夢佳期。

切切陰風暮，桑柘起寒煙。

雲去蒼梧野，水還江漢流。

渫雲已漫漫，多雨復萋萋。《魏都賦》曰：『窮岫渫雲。』

日華川上動，風光草際浮。

日出衆鳥散，山暝孤猿吟。

馳暉不可接，何況隔兩鄉。又詩：『過容無留軫，馳暉有奔箭。』李善曰：『馳暉，日也。』

春草秋更緑，公子未西歸。古詩：『秋草萋已緑。』

非君美無度，孰爲勞寸心。

故人心尚爾，故人心不見。古樂府：『相去萬餘里，故人心尚爾。』

梁

丘遲

《梁史》曰：丘遲字希範，吳興人，能屬文。及辟徐州從事，高祖踐祚，拜中書郎，遷司徒從事中郎，卒。集題曰：『兼中書侍郎丘遲上。』

藤垂島易陟，崖傾嶼難傍。謝朓詩：『交藤荒且蔓，樛枝聳復低。』《説文》曰：『島，海中山。』劉淵林《吳都賦注》曰：『海中洲上有山石曰嶼。』

巢空初鳥飛，荇亂新魚戲。

森森荒樹齊，析析寒沙漲。江淹詩：『悲風撓重林，雲霞肅川漲。』淹詩漲作平聲。

風馳山尚響，雨息雲猶積。《丘遲集》積作漬。

虞羲

《虞羲集序》曰：羲字子陽，會稽人，能屬文。始安王引爲侍郎，兼建安征虜府主簿、功曹，又兼記室參軍。

飛狐白日晚，瀚海愁陰生。《漢書》酈食其曰：『距飛狐之口。』臣瓚曰：『飛狐在代郡西南。』又曰：『霍去病臨瀚海。』

任昉 劉璠《梁典》曰：昉字彦升，樂安人，辭章之美，冠絶當時。爲新安太守。

伊人有涇渭，非余揚濁清。

疊嶂易成響，重以夜猿悲。

滄江路窮此，湍險方自兹。潘尼詩：「世故尚未夷，崤函方險澀。」

徐悱 何之元《梁典》曰：悱字敬業，勉之子，爲晋安内史，有學業。

表裏窮形勝，襟帶盡巖巒。

此江稱豁險，兹山復鬱盤。《蜀都賦》曰：「豁險吞若巨防。」《子虚賦》曰：「其山則盤紆岪鬱。」

范雲 《梁書》曰：雲字彦龍，爲零陵郡内史。

寒沙四面平，飛雪千里驚。

風斷陰山樹，霧失交河城。《漢書》侯應書曰：「陰山草木茂盛。」又曰：「車師治交河城。」

寄書雲間雁，爲我西北飛。

江淹《梁書》曰：淹字文通，考城人。好學，以文章顯，至散騎常侍。

倚棹汎涇渭，日暮山河清。

緑竹夾清水，秋蘭被幽涯。枚乘《兔園賦》曰：『修竹檀欒夾池水。』曹植詩：『秋蘭被長坂，朱華冒緑池。』

神飈自遠至，左右芙蓉披。曹植詩：『神飈接丹轂，輕輦隨風移。』魏文帝詩：『蘭芷生兮芙蓉披。』

涼風蕩芳氣，碧樹先秋落。

從容冰井臺，清池映華薄。陸機詩：『曲池河湛湛，清川帶華薄。』

丹霞蔽陽景，緑泉涌陰渚。張載詩：『丹霞啟陰期。』又詩：『階下伏泉涌。』

青苔日夜黄，芳蕤成宿楚。張載詩：『密葉日夜疎。』又詩：『溪壑無人跡，荒楚鬱蕭森。』謝朓詩：『寒城一以眺，平楚正蒼然。』

日落長沙渚，萬里曾陰生。又詩：『氣生川岳陰，湮滅淮海見。』

藉蘭素多意，臨風默含情。《嘯賦》曰：『藉臯蘭之猗靡。』

雨絶無還雲，葉落豈留英。《鸚鵡賦》曰：『何今日之雨絶。』張載詩：『芳蕤豈再馥。』

窈靄瀟湘空，翠潤澹無滋。

南中氣候暖，朱華淩白雪。王逸《楚辭注》曰：『南方冬暖，草木常華。』謝靈運詩：『南州實炎德，桂樹凌寒山。」

蘭逕少行跡，玉臺生網絲。張載詩：「房櫳無行跡。」又詩：「蜘蛛網四屋。」

丹葩耀芳蕤，緑竹蔭閑敞。

曲櫺激鮮飈，石室有幽響。陸機詩：「泠泠鮮風過。」

太微凝帝宇，瑶光正神縣。

桐林帶晨霞，石壁映新晰。又詩：「極眺清波深，緬映石壁素。」

文軫薄桂海，聲教燭冰天。

凉葉照沙嶼，秋榮冒水潯。《説文》曰：「潯，傍深也。」

氣清知雁引，露華識猿音。

日暮碧雲合，佳人殊未來。又詩：「朝與佳人期，日夕望清閣。」魏文帝詩：「朝與佳人期，日夕殊不來。」陸機詩：「借問嘆何爲，佳人眇天末。」又詩：「芳草久已茂，佳人竟不歸。」

朝食琅玕實，夕飲瑶池津。

處欣故無累，養德乃入神。

一時排冥筌，泠然空中賞。

時菊耀巖阿，雲霞冠秋嶺。潘岳詩：「時菊耀秋華。」

幸及風雪霽，青春滿江皋。

風散松架險，雲鬱石道深。

北渚有帝子，蕩瀁不可期。

煙景若離遠，末響寄瓊瑶。

桂水日千里，因之平生懷。李陵詩：『浮雲日千里。』

君在天一涯，妾身長別離。古詩：『各在天一涯。』陸機詩：『遊子在天末，還期不可尋。』

古詩辭

馨香盈懷袖，路遠莫致之。

盈盈一水間，脉脉不得語。

斗酒像娱樂，聊厚不爲薄。

涉江采芙蓉，蘭澤多芳草。

采之欲遺誰，所思在遠道。此句接上句。張華詩：『佳人不在兹，取此欲誰與。』陸機詩：『感物戀所歡，采此欲與誰。』《楚辭》曰：『搴芳洲兮杜若，將以遺兮遠者。』

玉衡指孟冬，衆星何歷歷。

思君令人老，軒車來何遲。又詩：『思君令人老，歲月忽已晚。』

傷彼蕙蘭花，含英揚光暉。過時而不采，將隨秋草萎。

晨風懷苦心，蟋蟀傷局促。

燕趙多美人，美者顏如玉。曹植詩：『南國有佳人，容華若桃李。』陸機詩：『京洛多妖麗，玉顏侔瓊蕤。』

生年不滿百，常懷千歲憂。

凉風率已厲，遊子寒無衣。

一心抱區區，懼君不識察。張載詩：『流俗多昏迷，此理誰能察。』

遠道不可思，夙昔夢見之。劉休玄詩：『流眇臨長道，遥遥行遠之。』

客從遠方來，遺我雙鯉魚。呼兒烹鯉魚，中有尺素書。長跪讀素書，書上竟何如。上有加餐飯，下有長相憶。又詩：『客從遠方來，遺我一書劄。上言長相思，下言久離别。置書懷袖中，三歲字不滅。寸心抱區區，懼君不識察。』又詩：『客從遠方來，遺我一端綺。相去萬餘里，故人心尚爾。文綵雙鴛鴦，裁爲合歡被。著以長相思，緣以結不解。以膠投漆中，誰能别離此。』

張衡四愁詩

我所思兮在泰山，欲往從之梁父艱，側身東望涕霑翰。美人贈我金錯刀，何以報之英瓊瑶。路遠莫致倚逍遥，何爲懷憂心煩勞。

我所思兮在桂林，欲往從之湘水深，側身南望涕霑襟。美人贈我金琅玕，何以報之雙玉盤。路遠莫致倚惆悵，何爲懷憂心煩傷。

我所思兮在漢陽，欲往從之隴阪長，側身西望涕霑裳。美人贈我貂襜褕，何以報之明月珠。路遠莫致倚踟躕，何爲懷憂心煩紆。

我所思兮在雁門，欲往從之雪紛紛，側身北望涕霑巾。美人贈我錦繡段，何以報之青玉案。路遠莫致倚增歎，何爲懷憂心煩惋。

張載四愁詩

我所思兮在營州，欲往從之路阻修。登崖遠望涕泗流，我之懷矣心傷憂。佳人遺我緑綺琴，何以贈之雙南金。願因流波超重深，終然莫致增永吟。

迢迢牽牛星　古詩

迢迢牽牛星，皎皎河漢女。纖纖擢素手，札札弄機杼。終日不成章，泣涕零如雨。河漢清且淺，相去復幾許？盈盈一水間，脉脉不得語。

鼓吹曲　謝朓

江南佳麗地，金陵帝王州。逶迤帶渌水，迢遞起朱樓。飛甍夾馳道，垂楊蔭御溝。凝笳翼高蓋，疊鼓送華輈。獻納雲臺表，功名良可收。

銅雀妓

謝　朓

繐帷飄井幹，樽酒若平生。鬱鬱西陵樹，詎聞歌吹聲。芳襟染淚迹，嬋媛空復情。玉座猶寂寞，况迺妾身輕。

擬休上人

江　淹

西北秋風至，楚客心悠哉。日暮碧雲合，佳人殊未來。露采方汎豔，月華始徘徊。寶書爲君掩，瑶琴詎能開。相思巫山渚，悵望陽雲臺。膏鑪絶沈燎，綺席生浮埃。桂水日千里，因之平生懷。

校勘記

〔一〕『力』，清鈔本作『勉』。

〔二〕『照』，原作『昭』，改从其本人，以下徑改。

〔三〕『諶』，原作『湛』，改从其本人，以下徑改。

〔四〕『再』，原作『載』，據清鈔本及《文選·曹植〈送應氏詩二首〉》李善注改。

〔五〕『迴』，原作『迴』，據《文選·曹植〈雜詩六首〉》改。

〔六〕『號』，原作『虎』，顯係訛字。據清鈔本改。

〔七〕『今』，原作『宋』，據《文選》卷二十九李善注改。下同。

四庫存目提要

《文選句圖》一卷，江蘇巡撫採進本。宋高似孫撰。似孫有《剡録》，已著録。案摘句爲圖，始於張爲，其書以白居易等六人爲主，以楊乘等七十八人爲客，主分六派，客亦各有上入室、入室、升堂、及門四格，排比聯貫，事同譜牒，故以圖名。後九僧各摘名句，亦曰句圖，蓋非其本。似孫此書亦沿舊名，所録皆文選諸詩，去取不甚可解，如蘇武詩之『馥馥我蘭芳，馨香中夜發』，上下聯各割一句，尤爲翃調。其句下附録之句，蓋即鍾嶸《詩品》『源出某某』之意。其句下附録一兩首者，則莫喻其體例矣。

剡溪詩話

南江濤　點校

剡溪詩話整理説明

國家圖書館藏鈔本《剡溪詩話》一卷，題『四明高似孫續古』撰，半葉九行二十四字，卷末有明俞弁跋一則（附後）。今據以排印標點。

剡溪詩話

王徽之雪夜獨酌，詠左思招隱詩，忽憶戴逵，夜乘小舟訪之，今録招隱詩於右。

左思《招隱詩》：『杖策招隱士，荒塗横古今。巖穴無結構，丘中有鳴琴。白雲停陰岡，丹葩曜陽林。石泉漱瓊瑶，纖鱗亦浮沉。非必絲與竹，山水有清音。何事待嘯歌，灌木息悲吟。秋菊兼糇糧，幽蘭間重襟。躊躇足力煩，聊欲投吾簪。』『經始東山廬，果下自成榛。前有寒泉井，聊可瑩心神。峭蒨青葱間，竹栢得其真。弱葉栖霜雪，飛榮流餘津。爵服無常玩，好惡有屈伸。結綬生纏牽，彈冠去埃塵。惠連非吾屈，首陽非吾仁。相與觀所尚，逍遥撰良辰。』《樂府解題》曰：『《招隱》，漢淮南王安小山所作，山中不可久留。後人改爲五言。』

左思有《招隱》凡數篇。王康琚作《反招隱》。淮南有小山、大山，猶詩二雅也。《梁朝畫目》曰：『顧愷之有《招隱圖》。』

陸機《招隱詩》：『明發心不夷，振衣聊躑躅。躑躅欲安之，幽人在浚谷。朝採南澗藻，夕息西山足。輕條象雲構，密葉成翠幄。激楚佇蘭林，回芳薄秀木。山溜何泠泠，飛泉漱鳴玉。哀音附靈波，頽響赴曾曲。至樂非有假，安事澆淳樸。富貴苟難圖，税駕從所欲。』

王康琚《反招隱詩》：今《英華》題曰：晋王康琚，爵里未詳。『小隱隱陵藪，大隱隱朝市。伯夷竄首陽，老聃伏柱史。昔在太平時，亦有巢居子。今雖盛明世，能無中林士。放神青雲外，絶跡窮山裏。鵾雞先晨鳴，哀風迎夜起。凝霜凋朱顔，寒泉傷玉趾。周才信衆人，偏智任諸己。推分得天和，矯性失至理。歸來安所期，與物齊終始。』

張華《招隱詩》曰：『隱士託山林，遁世以保真。惠連亮未遇，雄才屈不伸。』又詩：『栖遲四野外，陸沉背當時。循名奄不著，藏器待無期。羲和策六龍，弭節越崦嵫。盛年俛仰過，忽若振輕絲。』

張載《招隱詩》：『出處雖殊塗，居然有輕易。山林有悔悋，人間實多累。鵷雛翔穹冥，蒲且不能視。鸐鷺遵皋渚，數爲矰所繫。隱顯雖在心，彼我共一地。不見巫山火，芝艾豈相離。去來捐時俗，超然辭世僞。得意在丘中，安事愚與智。』

張協《招隱詩》：『結宇窮嵐曲，耦耕幽藪陰。荒庭寂以閑，山岫峭且深。淒風起東谷，有渰興南岑。雖無箕畢期，膚寸自成霖。澤雉登壟雊，寒猿擁條吟。溪壑無人跡，荒楚鬱蕭森。投耒循岸垂，時聞樵採音。重棊可擬志，回淵可比心。養真尚無爲，道勝貴陸沉。遊思竹素園，寄辭翰墨林。』

閭丘沖《招隱詩》：『大道曠且夷，蹊路安足尋。經世有險易，隱顯自存心。嗟哉巖岫士，歸來從所欽。』右晉人《招隱詩》四家，今録於此。梁昭明所采《招隱》，唯左太沖、陸士衡、王康琚耳。

許詢《竹扇詩》：『良工眇芳林，妙思觸物騁。篾疑秋蟬翼，團取望舒景。』詢詩曠見，故録之。

許詢詩：『青松凝素髓，秋菊落芳英。』佳句也。宋宗炳詩：『長松列竦肅，萬樹巉巖詭。上施神農蘿，下凝堯時髓。』亦用『髓』字。皮日休詩：『松膏背日凝雲磴，丹粉經年染石床。』梅聖俞詩：『神岳畜粹和，寒松化膏液。』又皆用『膏』字也。

許詢詩：『丹葩耀芳蕤，緑竹蔭閑敞。』左思詩：『白雪停陰崗，丹葩耀芳林。』與詢詩絶相逼。王粲詩：『曲池揚素波，列樹敷丹榮。』亦自佳。宋之問詩：『赤氣雜雲霞，緑竹緣溪澗。』下一句自然有思致。

許詢詩：『曲櫺激鮮飆，石室有幽響。』曹丕詩：『春鳩鳴飛棟，流猋激櫺軒。』江道詩：『寒蟬向夕號，驚飆激中夜。』皆用『激』字。

孫綽詩：『疏林積凉風，虚岫結凝霄。』上官儀詩：『密樹風煙積，回塘荷芰新。』蓋因此『積』字也。

張嵊《短簫詩》：『促柱弦始繁，短簫吹初亮。舞袖拂長席，鐘音由虡亮。已落簷瓦間，復繞梁塵上。時屬清夏陰，恩暉亦非望。』嵊詩不多見，且生於嵊亭，因采之。

李德裕嘗言：洛龍門敬善寺有紅桂樹獨秀。伊川嘗於江南諸山訪之，莫致。陳侍御知予所好，因訪剡溪樵客，偶得數株。移植郊園，衆芳色沮，乃知敬善所有，是蜀道茜草，徒得佳名，因賦是詩兼贈陳侍御：『昔聞紅桂枝，獨秀龍門側。越叟遺數株，周人未嘗識。平生愛桂樹，攀翫無由得。君子知我心，因之爲羽翼。豈煩嘉客譽，且就清陰息。來自天姥岑，長凝翠嵐色。芬芳世所絶，偃蹇枝漸直。瓊葉潤不雕，珠英粲如織。猶疑翡翠宿，想待鵷鸞食。寧止塹淹留，終當更封植。』德裕《平泉記》又云得剡之千葉桂。

秦系以詩寄韋蘇州曰：『久卧雲間已息機，青袍忽若狎鷗飛。詩興到來無一事，郡中今有謝玄暉。』蘇州答系詩：『知掩柴扉四十秋，魚鬚翠碧棄床頭。莫道謝公方在郡，五言今日爲君休。』

秦系獻薛僕射曰：『系家於剡山，向盈一紀。大曆五年，人以文聞於鄰守薛公，無何，奏系右衛率府倉曹參軍。意所不欲，以疾辭免，因將命者輒獻斯文：「由來那敢議輕肥，散髮行歌自采薇。逋客未能忘野興，辟書令遺脱荷衣。家中匹婦空相笑，池上群鷗盡欲飛。更乞大賢容小隱，益看愚谷有光輝。」』

秦系答鮑員外見尋詩：『少小爲儒不自强，如今復懶見侯王。覽鏡自知身漸老，買山將作計偏長。荒凉鳥獸同三徑，撩亂琴書共一牀。猶有郎官來問疾，時人莫道我佯狂。』

系又有《將移耶溪呈嚴長史維陳校書允初》詩：『雞犬漁舟裏，長謡任興行。那邀落日醉，已被遠山迎。書笈將非重，荷衣着甚輕。謝安無箇事，忽起爲蒼生。』又《在山中贈張評事》詩：『終年常避喧，自注五千言。流水閑過院，春風與閉門。山容邀上客，桂實落前軒。何事教予起，微言不足論。』

系又有《山中奉寄錢起員外兼簡苗發員外》詩：『空山歲計是胡麻，窮海無梁泛一槎。稚子唯能覓梨栗，逸妻相共老煙霞。朗吟麗句驚巢鶴，閑閉春風看落花。借問省中何水部，今人幾箇屬詩家。』系詩清閒幽思，少見，僅録此。

秦系詩：『禪室遥看峰頂頭，白雲東去水長流。松間尚許幽人住，不更將錢買沃洲。』清晝詩憶君歸南，適越不作買山期。』劉長卿詩：『沃洲能共隱，不用道林錢。』皆用買山事也。

秦系詩：『樹喧巢鳥咄，路細葑田移。』唐人佳句也。杜牧詩：『葉落鳥巢出，風高魚艇稀。』方干詩：『巢鳥夜驚離島樹，啼猿晝怯下巖藤。』元稹詩：『耨餘苗漸長，燒後葑猶枯。』白居易詩：『澗遠松如畫，洲平葑似鋪。』

秦系詩：『遊魚牽荇没，戲鳥踏花摧。』丘遲詩：『巢空初鳥飛，荇亂新魚戲。』梁簡文帝詩：『荇間魚共樂，桃且鳥相窺。』崔湜詩：『雁翻蒲葉起，魚撥荇花遊。』宋景文公詩：『水暖魚牽荇，叢喧蝶抱花。』諸人詩律，各入玄妙。

秦系詩：『老鶴將雛弄，叢篁帶筍移。』賈島詩：『養雛成老鶴，種子作高松。』于鵠詩：『解語老猿開曉户，學飛雛鶴落高松。』楊發詩：『入院將雛鳥，攀蘿抱子猿。』劉商詩：『芳草和花種，修篁帶筍移。』李頻詩：『春篁兼筍密，夏鳥雜雛多。』諸家機杼，互相發揮。

秦系詩：『洗硯魚仍戲，移樽鳥不驚。』賈島詩：『洗硯魚吞墨，烹茶鶴避煙。』此句槐野所作，非島詩。

秦系詩：『漉酒迎賓急，看花署字遲。』李群玉詩：『酒爲看花醞，花須趁酒紅。』楊巨源詩：『笑向東來客，看花枉在前。』羅鄴詩：『花開只恐看花遲，及到愁多未看時。』前人多要用『花』字，可謂風流好事人矣。

白道猷《招道一上人》：『連峰數千里，修林帶平津。雲過遠山翳，風至梗荒榛。茆茨隱不見，雞鳴知有人。閒步踐其徑，處處見遺薪。始知百代下，故有上皇民。開此無事跡，以待疏俗賓。長嘯自林際，歸此保天真。』一時在雲門得詩，即欣然訪之。其後詩人如沈佺期詩：『樹密不言通鳥路，雞鳴始覺有人家。』劉孝威詩：『遥知楊柳是門處，似隔芙蓉無路通。』朱灣詩：『初行竹裏唯通馬，直到花間始見人。』吴融詩：『無人應失路，有路始知村。』叅寥詩：『隔林仿佛聞機杼，知有人家在翠微。』劉長卿詩：『舊浦遠來移渡口，垂楊深處有人家。』張謂詩：『竹裏登樓人不見，花間覓路鳥先知。』僧清順詩：『唯聞犬吠聲，又入煙蘿去。』一自『雞鳴知有人』句，愈出愈奇，詩之變化有窮已乎！

裴通《金庭觀》詩：『魚吞左慈釣，鵝踏右軍池。』蓋襲孟浩然詩『櫪嘶支遁馬，池養右軍鵝。』又云：『林栖居士竹，池養右軍鵝。』凡兩言之。李白詩：『好鵝尋道士，愛竹嘯名園。』盧綸：『詠雪因饒妹，書經欲換鵝。』尤奇。

王纘詩：『孔淳辭北海，陸昶謝中郎。』孔淳即孔淳之也，居剡中。又高僧竺法崇結廬剡葛峴山，淳之訪焉，信宿乃返。皇甫曾、韋應物亦有寄孔徵君詩。

劉、阮天台故事，唐曹唐《大遊仙詩》凡五作，極其意趣，今録於此。《劉晨阮肇游天台》詩：『樹入天台石路新，細雲和雨動無塵。煙霞不是生前事，水木空疑夢後身。往往雞鳴巖下月，時時犬吠洞中春。不知何地歸依處，須就桃源問主人。』《劉阮洞中遇仙子》詩：『天和樹色靄蒼蒼，霞重嵐深路渺茫。雲實滿山無鳥雀，水聲喧澗有笙簧。碧沙洞裏乾坤別，紅樹枝前日月長。願得花間有人出，不令仙犬吠劉郎。』《仙子送劉阮子出洞》詩：『殷勤相送出天台，仙境那能卻再來。雲液既歸須强飲，玉書無事莫頻開。花當洞口應長在，水到人間定不回。惆悵溪頭從此別，碧山明月閉蒼苔。』《仙子洞中有懷劉郎》詩：『不將清瑟理霓裳，萬事如塵一夢長。洞裏有天春寂寂，人間無路月茫茫。玉沙瑶草連天碧，流水桃花滿澗香。曉露風燈零落盡，此生無處訪劉郎。』《劉阮再到天台不復見仙子》詩：『再到天台訪玉真，青苔白石已成塵。笙歌冥寞閑深洞，雲鶴蕭條絶舊鄰。草樹總非前度色，煙霞不是昔年春。桃花只是紅如雨，不見當時勸酒人。』

温庭筠詩：『歲晚得支遁，天寒逢戴顒。』又云：『戴顒今日稱居士，支遁他年識領軍。』古人嘉尚之意如此。

西太白山有葛洪丹井，水味清寒，潔甘如霜雪，最宜茶，剡水第一也。顧況詩：『野人愛向山中宿，況在葛洪丹井西。』嚴向詩：『聞道葛洪丹井畔，至今霜果有金衣。』趙嘏詩：『若到天台洞陽觀，葛洪丹井在雲涯。』又有趙廣信丹井，人多汲之，猶有藥香也。

唐僧小白《游金庭》詩，前人以擬唐任藩詩。小白詩曰：『羽客相留宿上方，金庭風月冷如霜。直饒人世三千歲，未底仙家一夜長。』任藩詩曰：『絶頂新秋生夜凉，鶴飛松露滴衣裳。前峰月照豐江水，僧在翠微開竹房。』風度近之耳。

李紳奮身於剡，後既鎮越。其去也，將渡西陵，有詩別越中父老曰：『海潮晚上江風急，津吏篙師語默齊。傾手奉觴看故老，擁流争拜見孩提。慚非杜毋臨襄峴，自鄙朱公別會稽。漸舉雲帆煙水闊，杳然鳧雁各東西。』其言『自鄙朱公別會稽』，可謂得志矣。

李紳鎮越，有《題法華寺》詩：『花界無生地，慈宫有相天。化娥騰寶象，留影閟金仙。殿踴全身塔，池開半月泉。十峰排碧落，雙澗合清漣。寺前後有十峰回繞，澗合流。藥草經行徧，香燈次第燃。戒珠高臘護，心印祖僧傳。此寺僧律嚴肅，持經皆承師教。缾識先羅漢，衣存舊福田。寺有約法師水缾，梁朝官人所刺袈裟。幻身觀火宅，昏眼照青蓮。住學超真境，依遊渡法船。化城殊百億，靈跡冠三千。蕭壁將沈影，梁薪尚綴煙。寺有昭明太子畫真，又梁時薪火常在。色塵知有數，劫爐豈知年。龍噴疑通海，鯨吞想漏川。寺有梁朝銅龍吐泉，銅鯨飲流，以注諸院。磬疏聞啟梵，鐘息見安禪。指諭三車覺，開迷五蔭纏。敎通方便入，心達是非詮。貝葉千花藏，檀林萬寶篇。座嚴師子迅，幢飾網珠懸。極樂知無礙，分身應有緣。還將意功德，留偈法王前。』

紳又有《寶林寺》詩：『最深城郭在人煙，疑借壺中到梵天。巖樹桂花開月殿，石樓風鐸繞金仙。地無塵染多靈草，室鑒真空有定泉。應是法宫傳覺路，使消煩惱見青蓮。』

紳又有《禹廟》詩：『削平水土窮滄海，畚鍾東南盡會稽。山擁翠屏朝玉帛，穴通金闕架雲霓。秘文鏤石藏青壁，寶檢封雲化紫泥。清廟萬年長血食，始知明德與天齊。』紳集不傳文，亦罕見，故並存之。

辛氏郎君謁李公紳，白尚書先有寄元相公詩，曰：『悶勸迂辛酒，閑吟短李詩。』且曰：『辛大丘度性迂嗜酒，李廿紳短而能詩。』辛氏郎君即丘度之子也。謂李公曰：『小子每憶白廿二丈詩曰：「悶勸疇昔酒，閑吟廿丈詩。」』李公笑曰：『辛大有此狂兒，吾敢不存舊矣。』凡是宦族，甚快辛氏子之能忤誕。丞相之受侮，剛腸暫屈乎。吕光化温謂齊員外煦及弟恭曰：『吾觀李廿秀才二詩，斯人必爲卿相。』果如其言。詩曰：『春種一粒粟，秋成萬顆子。四海無閒田，農夫猶餓死。』『鋤禾日當午，汗滴禾中土。誰知盤中飡，粒粒皆辛苦。』

元相公廉察江東之日，修龜山寺魚池，以爲放生之名。戒其僧以詩：『勸汝諸僧好護持，不須垂釣引青絲。雲山莫厭看經坐，便是浮生得道時。』李紳既到鎮，遊此寺，覩元公詩，笑曰：『僧有漁罟之事，必投於鏡湖。後有犯者，堅而不恕焉。』復爲二絶而示之云：『剃髮多緣是代耕，好聞人死惡人生。祇園説法無高下，爾輩何勞尚世情。』『汲水添池活白蓮，十千鬐鬣盡生天。凡庸不識慈悲意，自葬江魚入九泉。』

跋

《剡溪詩話》一卷，從柳大中丞處假歸，余遂手録。愚意此書非似孫所著，觀其筆意與《緯略》不同，故書此以俟博洽者辯之。丁丑六月十七日後學俞弁子容甫書於紫芝堂中。

補遺

補遺目録

詞

文

補遺

詩

寄桐柏山王尊師

猶道中峰淺，重新入翠微。讀書呼鶴聽，洗硯待猿歸。近瀑青松濕，朝陽紫木肥。逢仙歸又晚，行得健如飛。

桑世昌澤卿歸天台

且入西陵抖素衣，寒燈猶有雁相依。月僵積雪和梅凍，天拆殘星背斗飛。書策不堪供世用，江山何肯笑人歸。赤城仙伯皆吾輩，爲帶詩行問子微。

夜宿金庭洞

夙聞桐柏山，下入金庭洞。五雲所出没，千翠相迎送。川明芝自燁，夏冷雪猶凍。沙泉注陽穴，水碧孕陰岗。天光抱瓊室，神力扶蘭棟。其左鬬蒼虯，其西翱紫鳳。中穿穴窈複，傍見石闕空。青煙溜松髓，白水鳴醴甕。怪草不知名，珍禽時曳弄。石蜜吐巖房，琪芳突苔縫。星君時一遊，仙翁亦參從。或乘玄鶴來，或並青鸞控。香趁玉女跪，丹走山靈慟。谷神元不死，玄根在深種。誰其握性命，於此破昏夢。世人少知幾，何能測天用。

次韻沈台州遊桐柏山

中天積翠玉臺遥，崑閬吹風下赤霄。鶴護青松生老珀，龍歸丹井應寒潮。三台自逐璣衡轉，玉帝常同海嶽朝。休道人間仙骨少，功成也會作松喬。

桐柏山瓊臺

翠嶽竦神秀，玉衡直三台。上有長生君，含光赤城臺。陽崖燁金芝，陰壑生碧苔。獨立雲在下，一嘯仙俱來。丹郎醉不醒，玉女聲如孩。帝鄉風自寒，洞口花長開。所嗟塵埃中，那有神仙才。秦皇漫東海，漢武空蓬萊。

夜宿桐柏

月到中峯碧峭深，露桃微重鶴移陰。隔松聽得仙官話，句句皆非世上音。

瓊臺西路

一夜天台雨，青鞵蹋盡沙。添將清瀑水，濕盡碧桃花。涉澗鉏生朮，和雲嚼野茶。便無仙骨分，不敢更思家。

桐柏觀閱藏經

天人皆奇人，一以文爲主。至今崑崙山，猶有羣玉府。虚無天之根，清净道所祖。也知自羲翁，此妙洩盤古。老氏啟藏室，八神負猛虡。玉垂太上篇，金寫神仙語。舜璿奔一機，漢宫鑿萬户。璆諧玉女下，雷吼蒼龍舞。侍晨校琅簡，玉卿譔瑶譜。兩垣協躔度，四溟節風雨。恭惟上帝鷺，哀此下民苦。昭昭懸朗監，歷歷開蒙瞽。粤從擘混沌，孰不趨子午。六爻本乎健，五行依乎土。神機迭經緯，和應相律吕。子能發此鑰，太微開帝宇。

清曉昇瓊臺頂石崖有仙人脚跡

亂石排天倚嵐壁，苔痕不犯松喬跡。上通羣帝集台斗，下鑿十洲通碣石。樹呼清風雜今古，山遺宿潤從開闢。丹翁曾同玉女醉，樵者亦見仙人奕。雲飛磴道晴掩冉，露濕衣裳香滴瀝。洞中靈君來不來，鶴歸銜落桃花碧。

桐柏山黃法師齋

羽人歸丹丘，輕房冒蒼頂。雲飛北斗壇，瀑洗洪崖井。三更火交坎，八十雪垂領。深香熨玉釜，淑氣回丹鼎。彼空此亦無，物動我自静。灼知喬松輩，元涉羲老境。一來受清滌，内悟開微儆。請添無爲香，上有蘭臺景。

桐柏山鄭先生齋

鑿石引幽路，傍崖開碧庭。棋留樵客坐，鵶博老君經。竹榻朝吞日，松壇夜拜星。山中有公事，鶴觸杏花零。

萬年山

依松屈曲疑無路，十里廿里香深沍。殿臺平入蓬萊圖，人煙盡屬天台賦。山奔萬馬逼人立，泉吼晴雷半天注。亂峰發地翠參錯，沓嶂參差龍屈怒。陰磴仍遺前臘雪，陽崖競拔千年樹。亦容羽客賫丹來，更有神僧飛錫渡。佛界焚香玉女跪，海舟獻寶胡兒踞。未午催敲集梵鐘，隨雲共展升堂具。冥搜窮日不知極，妙盡所歷何容遽。平生畧持山水眼，是處且了林泉素。揮支公錢極易事，分龐翁榻良難遇。青山不是世間無，山若識人人也住。

石橋歌

一石上負崑崙柱，一水西奔牛女渚。玉榦獰鱗萬松古，夜夜神光干帝宇。石滑苔危冰一縷，四海長依開闢雨。月落未落逢諸矩，《甬上耆舊詩》作半規吐。兩足敲泉龍麗舞。

國清寺泉時有緑蟾蹲崖石西

崖腰溜清水，素光摇玉宇。其陰透碧海，有石如砥柱。心知老龍都，直入蓬萊府。仙雲蕩凉潤，積雪明深暑。陰陽若在兹，嘘吸多成雨。孤花棲暗芳，瘦木垂梢古。娟娟緑蟾蜍，曾識廣寒女。深疑珠宫物，内敬不敢侮。山僧惜一茶，自碾仍自煑。相從有覺意，兩悟無凡語。欲分鮮花屏，稍築松風廡。銅瓶取明月，洗此文字苦。

栖霞宫山齋

山栖極造理，其北恰嵐壁。下吞泉數斗，中有蒲數脊。崖留未化雪，竹迸將崩石。不爲世所薰，直入玄之寂。道人無一吝，近我如相識。忽然問周易，再三説太極。言清嚼冰雪，事奥通金碧。吐納少滯咽，導引多精色。陰火養陽鼎，黄雲生寶鬲。定是母池西，佳桃已中食。

參政錢公山園

朝庭文物自昇平，公主園林尚典刑。山好儘强金谷澗，客來且上翠微亭。鶴鳴欲説前時事，花在非如舊日馨。多少唐人詩意思，無人知得更冥冥。

浮　岡

山含宿湅未曾銷，鳥去仍迴水路遥。千樹梅花三尺雪，一帆風力半江潮。

天台渡

一江夾清渾，只向青村注。餘雲拖薄潤，遠靄飛輕素。船輕順流下，石狹奔湍怒。蒼陰布仙迹，野芳生幽趣。山色各有舊，春情宛如訴。徘徊良自得，泱漭又將暮。遐瞻金碧庭，可入丹泉路。今夜宿桃花，切莫匆匆去。

天台道中

落花入谿口，山山皆可佳。横矼碧水急，後峰白雲霾。野藥綴殷子，危松换新釵。魚輕争湊石，蘭瘦深依涯。此處若有仙，欲留殊未階。一來愛清氣，全是牽幽懷。空色下映水，風聲高在崖。草草亦難通，借泉洗青輚。

再至桐柏山

此山即蓬萊，其下通弱水。萬星奏上帝，一嶽留仙史。逍遥丹霞上，出没流精裏。夜子鶴又叫，月暈風欲起。自從西磵去，復見東峰峙。松施神農蘿，石護堯時髓。無中猶有象，玄外更無旨。略聞赤松道，浩劫不可紀。

桐柏臺夜作

東崖紫雲飛，西壁白雪炯。洞口一何邃，人間無此静。松風翻瀑怒，梅月逼鶴警。苔汙斷闕石，茶注彭亨鼎。丈人極好生，生神最澄景。且修黄房訣，夜向香心永。

鹿郎中山居

非是拜麗公，何繇識此峰。自唐無兩見，如漢有高蹤。徑吐歸來菊，山連種老松。輕飛雲侶健，精錬玉爲容。鶴要親題竹，猿常認擊笻。花深多不見，葉響却相逢。天最知陶亮，人難揖戴顒。一來非小事，吝到此皆溶。

中山雪

攜詩來做台州雪，台州雪好無人説。一峰玉削崑崙柱，一天冰夾蓬萊闕。大江不動網罟凍，衆壑皆聲松竹折。村無人行太清浄，樹無鳥棲俱峭絶。丹天仙君謁帝回，赤脚泠泠踏寒月。不管飛殘水帝魂，從頭盡笑春風拙。緑華之女素霓衣，從目廣寒太陰妃。法曲導引青鸞飛，仙人仙人胡不歸。

王清叔舍人玉寒堂

只爲襟懷别，全然少俗埃。山林非細事，天地有奇才。泉石皆經畫，松梅不妄栽。何消嵩洛去，嵩洛在天台。

寄天台蕭鍊師

已是成仙了，全然得道長。石堅松結髓，山煖术生香。近瀑衣裳冷，和雲筆硯凉。傍崖修碧宇，何日奏寥陽。

石橋紋蕈

絶冥萬丈深，積翠凌空危。清澗月自浴，孤芳人不知。石骨溜香髓，松苓湧凉脂。忽然青雲陰，見此白玉姿。冉冉露痕重，漼漼雪花滋。淑氣注陽鼎，甘津灌華池。開經拜修静，得道推安期。聊欲燕其陽，飽食五色芝。

簡石橋僧璧暉

只在閑雲裏，房虚濕翠屏。童歸收晚果，客至歇殘經。月落千峰黑，龍歸白水腥。關門無一事，草木共冥冥。

桐柏鄭練師歸故山

元與玄俱妙，全無事可輕。路依蒼石轉，房與碧雲平。鶴露收殘夢，桃風析晚醒。西窗留與我，却去事彌明。

分繡閣夜作二首

一鐙炯微明，敲盡寒更永。老蛩泣月罅，脆葉鳴霜井。此事誰主宰，凡物皆動静。不了達者觀，却侶醉難醒。久無謝安石，况復陶弘景。殘書非一既，孤鐘但深省。梅生雪後花，雁叫雲西影。他心不可度，此語堪自警。

識字始多憂，悟理良自苦。少小習句讀，豈解工訓詁。一從入老大，甚覺悔雕組。人生各用命，何乃太知古。典謨必臯禼，詩句須李杜。生居諸公後，已覺萬事忤。勤婦少完燠，惰農甘莽鹵。八卦不可推，天意眇如許。

别天台

早乘霞氣入蓬萊，不識神仙也不來。曾與赤松遊數日，自攜玉女上西臺。當時共説黄房事，回首空驚碧海埃。前度劉郎今得度，桃花一一爲郎開。以上宋林表民等編《天台續集别編》卷四

由校中秘書授徽倅道出金陵投留守吴公琚

四朝渥遇鬢微絲，多少恩榮世少知。長樂花深春待宴，重華香暖夕論詩。黄金籯滿無心愛，古錦囊歸有字奇。一笑難陪珠履客，看臨古帖對梅枝。宋葉紹翁《四朝聞見録》卷二

游九鎖

洞門金畫翠琅玕，杳不多花月灑寒。借得御書經自讀，松風净洗石棋盤。《洞霄詩集》

水　西

抱崖一水限僧居，空翠冥濛畫不如。落日遊人山窈窕，清風啼鳥竹蕭疎。宋《詩家鼎臠》卷下

楊嗣勛惠茯苓

道是青神谷，元通白帝匡。有松如壯士，其魄化嬰兒。雲溼侵鴉觜，天寒翦兔絲。堯初香摘髓，秦後雪凝脂。穴動龍蛇窘，山空鳥獸悲。惟將千歲力，自了一生奇。

都　下

柳生春思拂京華，不管閒人也憶家。添盡好香那睡得，月痕如水浸梨花。

答辛幼安

青天不惜日，壯士偏知秋。自古有奇畫，如今空白頭。彼時當再來，吾老不可留。天推璧月上，星入銀河流。躔度若此急，人生與之浮。終夜自起舞，無人共登樓。典謨有陳言，河洛非故州。黄鶴呼不來，誰能理殘裘。以上《後村詩話》

别雲門

回首雲邊更看松，風流王謝舊行蹤。不知誰繼諸賢後，夜半來聽六寺鐘。《雲門志略》

蔡山渡

江上人家破竹門，潮生水長浸籬根。鮝魚一尺枇杷小，放溜船來酒滿樽。清胡文學《甬上耆舊集》卷二。按，本詩見明張元忭《(萬曆)紹興府志》卷五《山川志》二

句

汾獻升雲鼎，秦遺蝕雪碑。《買硯》

沙冷雁一二，天長帆有無。《曹娥江》

白浪不侵魚復陣，青苔猶護劍關銘。《送蜀客》

旋作池來分剡曲，署教花處似蘇堤。《池西》《後村詩話》

天差鶴管烹茶水，風夾花吹煮蟹煙。《蟹署》

以上參《宋詩紀事》卷五十五

和居簡師韻

夙接江畫，素心盡降。一離名峯，便成香隔。杜陵歸後，始得清題，情之所鍾，何必見安道也。二作峭眇，不枉飛聲。自怜衰調，曷可蒙塞。若有寸暇，尚續前盟。

恨不相從早，分渠月半寮。墨飛春澗石，茶衮夕鐺潮。詩到如今瘦，情從此處消。爲君料理極，參透碧寥寥。

憶昔相尋處，時今可更麽。春愁侵磊隗，晚步隔坡陁。風入唐聲妥，山函蜀氣多。一春聽盡兩，此意與誰歌。宋釋居簡《北磵詩集》卷五附。原詩《謝竦寮高祕書同常博王省元見過》：「友生朱與葛，月旦説竦寮。老錫思投越，春江夢趁潮。句新哦易熟，燈喜剪難消。聞道搴旗鼓，山林不寂寥。」「不縱青雲步，行間著得麽。官居清華要，吟似老頭陁。行輩今差少，聲名早厭多。猶將三萬軸，清夜答弦歌。」

次韻陳校書送鶴竹筍詩

竹如鶴脚瘦交加，鷲識英英玉露沙。一見已知仙骨健，高於越箭更無差。元李衎《竹譜》卷五

揚州官滿辭后土題玉立亭

且更淮南了歲華，天香深窈竹西家。忽然踏碎瓊樓月，相伴夫人暮倚花。明曹璿《瓊花集》

天台渡

歇程偏惜來時路，白鳥相隨呼野渡。一樹桃花碧雲暮，過了溪西卻飛去。影印《詩淵》册三頁二二四二

濟錢清江

潮分殘力引船飛，一道浮暉入杳微。可惜梅皆容易落，相將雁又接連歸。依前清洛情猶在，覺道離騷事已非。倚枕但看王導傳，困來不復解春衣。同上書册三頁二二四七

紅梅花

帶雪匆匆别楚雲，天寒依約見湘君。只疑不合瑤池去，引得春風八九分。同上書册四頁二四一五

小閣

料理閑如舊，依還略似家。自添磨硯水，多買入瓶花。有客談遊墅，催奴設賜茶。悠悠江海意，風雪滿兼葭。同上書册四頁三零四零

任賢良歸蜀

衮衮江來急建瓴，一西還有幾長亭。峨眉雪罷添巴水，玉壘雲空見蜀星。白浪不侵魚復陣，青苔猶護劍關銘。堂堂功業今皆在，天意何時更一醒。同上書册六頁四三九四

花開纔一信，人日故多陰。元《群書通要》甲集卷六

以上參《全宋詩》第五十一册卷二七二一

失題

竹屋虚明卧古松，葛仙丹井尚遺蹤。目長無事同僧話，指點雲邊三四峯。明張元忭《（萬曆）會稽縣志》卷二《葛仙丹井》

寺與樓俱静，蒼崖最上頭。雲分千嶂雨，樹鎖一巖秋。滌硯收新句，停杯話舊遊。人生行樂耳，早合辨菟裘。明張元忭《（萬曆）會稽縣志》卷十六《明覺院》

詞

金人捧露盤 送范東叔給事帥維揚

下明光，違宣曲，上揚州。玉帳暖、十萬貔貅。梅花照雪，月隨歌吹到江頭。牙檣錦纜，聽雁聲、夜宿瓜州。

南山客，東山妓，蒲萄酒，鸕鷀裘。占何遜、杜牧風流。瓊花紅藥，做珠簾、十里遨頭。竹西歌吹，理新曲、人在春樓。《陽春白雪》卷二

眼兒媚

翠簾低護郁金堂。猶自未忺妝。梨花新月，杏花新雨，怎奈昏黃。

春今不管人相憶，欲去又相將。只銷相約，與春同去，須到君行。《陽春白雪》卷三

鶯啼序

屈原《九歌》東皇太一，春之神也。其詞悽惋，含意無窮。略采其意，以度新曲。

青旂報春來了，玉鱗鱗風旎。陳瑶席、新奏琳琅，窈窕來薦嘉祉。桂酒洗瓊芳，麗景暉暉，日夜催紅紫。湛青陽新沐，人聲澹蕩花裏。

光泛崇蘭，坼遍桃李，把深心料理。共擕手、

蘅室蘭房，奈何新恨如此。對佳時、芳情脈脈，眉黛蹙、羞搴瓊珥。折微馨、僇寄相思，莫愁如水。　青蘋再轉，淑思菲菲，春又過半矣。細雨濕香塵，未曉又止。莫教一鳩無僇，群芳亹亹。傷情漠漠，淚痕輕洗。曲瓊桂帳流蘇暖，望美人、又是論千里。佳期杳渺，香風不肯爲媒，可堪玩此芳芷。　春今漸歇，不忍零花，猶戀餘綺。度美曲、造新聲，樂莫樂此新知。思美人兮，有花同倚。年華做了，功成如委。天時相代何日已。悵春功、非與他時比。殷勤舉酒酬春，春若能留，□還亦喜。《陽春白雪》卷四

紅藥詞

紅翻藹栗梢頭遍。《愛日齋叢抄》卷四

以上參《全宋詞》第四册二二六九頁

文

周舅氏家乘序

按嵊在揚州吴越中，僅僅支屬，星次未足縷析。唯吴越當少陽，於卦爲巽，以斗、牛、女爲分星，則嵊亦從之。夫天文所聚、地靈所鍾，結爲佳山水，流連娱目，令人應接不暇。所以右軍

之金庭，安道之故里，子猷之雪棹，康樂之落九，而齊之顧歡東歸，握麈攜素琴，終於剡山；唐之知章清談風流，放誕自浪，狂於四明。若方干之賦詩入剡，天驥之雪游鹿苑，諸賢屢屢於山明水秀、層巒疊嶂間，興致偏豪時，或泛舟花山，梅雪夾岸，幽香不斷，稱非人間世。是以名人巨公，往來多家焉。余先大人諱文虎，字炳如，原籍於鄞，紹興中登進士，以修國史，故始寓越。娶剡仁德鄉太學上舍世修公女周氏而生不肖，余幸屬周之甥。先君酷嗜剡中山水之勝，然剡舊治向無志録，邑令史君安之不以余爲固陋，以《剡録》十卷屬予編稽，時嘉定七年也。細考淳風之樸、科第之盛，無如我母氏。家之延名師以訓子若孫，其敬恭梅溪王公，奚啻骨肉，凡有制義，護存如拱璧。孫一日創見《周氏家乘》，而王公之墨蹟猶鮮，余小子何敢贅，但爲周之甥，是當溯周之源流。其世次載在王公録中，亦最悉矣。至於國寶君之一種勤學義方之訓，雖千古當誦法也。余作《剡録》，當日家有塾，黨有庠，古人之教也。獨周氏作淵源堂，製先聖十哲、七十二子像，構齋闢楹，延師以訓，乃至一門登第者濟濟詵詵，可謂食報奢矣！然未艾也，非契余《剡録》中家塾黨庠之效哉？但周氏聚族千餘，子孫繁衍，求賢渴如，慕義尊祖，甘爲敬宗。好古君子，一日閱典故，感籍談之忘祖、崇韜之誣祖、陶淵明之棄族、杜正倫之亂族，乃歎曰：萬物本乎天，人本乎祖，祖而可忘奚？子孫爲然，非譜則莫知所統，必湮其名、泯其族，視親人爲陌人，尚何孝悌敬慕之爲哉？故後之子孫登是譜者，誠以國寶君之心爲心，則創業垂統之緒久焉。而繼尊祖敬宗之心油然而生，追遠裕後之情藹然而著，則余作《剡録》中之家有塾、黨有序之説，非我母氏家之遺訓哉？於以俟周氏來裔之世勸云。時嘉定八年，歲次乙亥，夏榴月，中大夫、提舉建康崇禧觀、通議大夫甥高似孫頓首拜撰。《剡南高氏宗譜》卷一，轉引自《高氏家族》第一九五—一九六頁

題喻工部樗所寫禊序

禊帖至唐，乃有湯普徹、趙模、韓道政、馮承素搨本，皆不如永禅師、褚河南所臨。唯柳誠懸自用柳法，作大字雋奇特甚。今工部公所書，生氣凛凛，儼然魯公，柳莫及也。公在高宗臺閣、孝宗省曹，名節論議，彝獻典刑，皆足以標凖兩朝，儀刑諸老，而一本諸學。晚來東臺訪舊事，風流聲采，猶被晋人士，清哉！孫踐世官，拜遺像，清白雅亮，挺挺祖風，顧瞻棠蔭，遺越以琰，一香世世，如彼渚蘭。乃若裒上祖以來書，導自羲獻二十八人，直可陋視方慶。嘉定十二年八月日，高似孫書。宋俞松《蘭亭續考》卷一

文苑英華纂要序

孝宗皇帝閲《文苑英華》，周益公直玉堂，夜宣對，上謂秘閣本太舛錯，再三命精讎十卷以進。一日，侍公酒，公以無佳本爲言，因白架中有此書，間嘗用諸集是正，頗改定十之二三。公驚喜曰：『《英華》本世所無，况集耶！』乃盡笈去，複以讎整者畀予研訂。書奏御，不爲無分毫

助也。後以本傳之廬陵手書寄來，急讀一遍，因取其可必用者，僅爲帙四，又以奉公，復答書曰：『千卷鮮克展盡，顧乃獵之精，舉之確耶？不減小洪公《史語》也。』初予官越，洪公方在郡，日日陪棣華堂書研，頗及《史語》，公曰：『不過觀書寓筆，示不不苟於觀耳。』予曰：『類書帙多字繁，非惟不能盡記，蓋亦未嘗盡見。古人是以有撮取之功。然乃切於自用，非爲它人設也。』洪公擊節曰：『此正余意！鈔亦出是歟？』治使史公來訪越墅，因從容硯寮，見鈔本，曰：『鈎玄摘奇，便於後學者也。』書來索甚力，第二書報已刊，第三書寄刊本。令作鈔序，乃誦益公、洪公語以謝好雅。嘉定十六年三月七日似孫續古識。《文苑英華纂要》

真誥敘

誥者，告也。《書》有《湯誥》《洛誥》諸篇，孔安國云『誥，以大義告乎天下也』是也。經有緯，緯者，相經緯也。其事皆足以輔翼乎經，故言緯也。《真誥》之作，其緯於經者乎？其目自運象至於翼真檢者凡七，蓋有象乎緯。能通乎緯，必知誥矣。陶君之意，亦謂卦六十四，道之玄也，《道德》五千言，玄之道也。其餘賾玄之奥，鈎玄之微，能與《易》《老》貫者各形乎言，各見乎事。雖然，事與言非玄矣。其書所載，往往出乎緯之所以輔經者。予少耽黄老説，搜索道家者流幾千家，殫精日月，無能深鑿其鍵。嘗接江西道士吴静，極言玄事，静曰：『誤矣！』余驚拜曰：『願學道！』静曰：『讀《易》乎？讀《易》足矣。』後乃以《易》悟，所得者《易》也，陶君固甚知道，凡有啟於後學者，其或自此始歟？太乙宫高士、玉京外臣易如剛告予以茅山刊《真誥》，敍其略。昔者沈約遺陶君書，深言先生糠秕流俗，超然獨覽，名書絳簡，至理精微，唯欲下風問道，未知厥路若有屬於《誥》者矣。然陶君銘茅山曲林舘，迺云『祈生翊命，各謂知道，參差經術，跌宕辭藻』，是數語者，全爲《誥》設。此翁一銘，尤足爲山中無窮清風，况書乎？嘉定十六年十一月冬至日，朝散大夫行秘書郎高似孫敍。《道藏》本《真誥》

休寧縣禮物記

政在教，教在禮，禮在書，書在人。禮儀三百，威儀三千，非其人不行，非人不行也，書不行也。書有餘裕，事無經矣。上臨瀛區，銓守命，甄執政，徽風俗，銅符墨綬，幾滿輿圖。而休寧輔新安郡之縣，其宰任尹良弼，有政有教，聲流大江之東。宰嘗言其山磽，其民瘠，其賦繁，生者不聊，事聞於上，上爲頒命蠲其折輸之高者，汰其供軍之濫者。民抃舞受上賜，其父老少壯相告語曰：『我害除，我利興，政也何可忘宰？』又集其英偉俊秀拜於上下之庭，冠冕裳佩則焕乎其新也；其服用凡一百六十有一，豆籩罍罇則粲乎其初也；其器用凡一百有幾，擯相有則，陟俯有彝，彬彬萃萃。竟厥事，觀者其心傚，知者其志開，攝斯階，闡斯具，莫不欲廣大以爲度，高明以爲功。琢之磋之，斵之礱之，粉藻而施之。大者圭璋，小者榱桷，鍮耀偉業，爲時名人。士之父兄子弟又相告語曰：『宰導我，宰祈我，教也何可忘？』嗚呼！是政也，是教也。曰：

是其與禮與書經緯而表裏也。聞弦歌，聞俎豆，聖門有訓，不虛乎言，政教之也，宰其原諸此乎？七暢且激，詠之歌之，曰：『峯昂如翥，川明如組。既若且嫵，緊秀之聚。顒顒峩峩，有廣斯宇。此無非教，如鄒如魯。宰來臨之，其容俁俁。宣吉清揚，疏此萬户。士欽所式，民樂所怙。以教爲政，非召非杜。宰來臨之，禮容有序。冕裳有輔，綴佩有瑀。有罍有俎，有籩有簠。在躬英英，在席楚楚。宰來臨之，教明禮舉。是鏤是裁，是楷是矩。用不在服，服自我詁。物不在器，器自我譜。』宰曰：『歙人迪禮之祖，明禮之輔，脩禮之緒。』士曰：『吾宰所志者矩，淑之昌之，是用玉汝。』山兮可磨，敢磨斯語。尚儀圖之，自今作古。嘉定十七年秋八月，朝議大夫、行秘書省著作佐郎，兼莊文府教授，兼權侍右郎官高似孫記。明汪舜民《（弘治）徽州府志》卷十二

蘭亭考序

晚挈書結廬山陰茂林脩竹間，訪問王謝遺躅，但見壑巖深秀，雲物興蔚而已。得汪龍谿所藏《修褉大圖》，表之屋壁中，山石中字又在棋硯間，若與諸人接。一日，澤卿攜此編見，越故事也。夫羲之召爲侍中尚書，不拜，擢後將軍，又不拜；至於兒娶女嫁，便有尚子平之志，縷縷書辭間。其識宇度量，似非江左諸賢可及。天若佑晋，使昌於事業，當不在司徒叔、太傅公下。今論者知有此帖而已，然知此帖者，亦足以大雅風流自任；況知之者無如澤卿乎？《詩》曰：

『雖無老成人，尚有典型。』於兹有之。既請序，名曰《蘭亭考》。嘉定元年十二月望日，華文閣學士、通奉大夫、提舉江州太平興國宫高文虎。

宋臨川王義慶采擷漢晋以來佳事佳話，爲《世説新語》，極爲精絶，而尤未爲奇也。梁劉孝標注此書，引援詳確，有不言之妙。如漢魏吴諸史及子傳牒志之書，皆不必言；只如晋一朝史及晋諸公列傳、譜録、辭章，皆出於正史之外，是曰注書之法。禊之爲帖，風流太甚，自晋以來，難乎下語。桑君盡交名公巨卿，以及海内之士，以充其見聞者，固不一；然與予游從三十年，見必及此，其有贊於帖考者，尤爲不一。今兹浙東臺使齊公屬加彙正，遂略用史法剪裁之。爲此書者無非風流大雅之事，又無非博古好事之人。若齊公獨拳拳於此者，是爲風流大雅博古好事之極矣。嘉定十七年秋九月日，朝議大夫、新除秘書省著作佐郎、兼權侍右郎官高似孫謹書。《蘭亭考》

冰玉堂記 堂在縣治正衙，今廢。

晋江韋氏令襄邑《律己頌》曰：『乃冰其清，乃玉其白。琅標瑩椉，凛凛若對。』江陰宰林君采之以表今堂，勵志也。夫有山川，斯有人物；有人物，斯有政事。血絡貫串，如出一機軸。江陰介乎濤渚之間，蘆荻蔽水，雁鶩所客，神魚樓蜃，出没變怪，漁榔琛舶，縹緲煙雨，霽雪之鄉。李成、郭熙復生，莫克殫寫。以邑輔郡，巋然一都。而林君以才智風猷，裁剸而施行之，飢者盡飽，病者盡甦，濟有新梁，囚有凈榻，已足以偃服若吏與民矣。又化榛莽作丹青，滌穢陋爲芳楚，風亭月榭，釣渚弋林，冬得其宜，處處詩酒，主人既甚得意，客又皆趣而忘歸，一聆咳談，如與樂衛游，一舉豆觴，如與鮑壺接。塵不敢扇，衣寒且香，吁，敢問清乎清乎？徠斯堂者，孰不嚼且仙乎？環壁左右，則徵君吕公墨帖也，和靖林先生句圖也，豈不清之又清歟？東坡贊歎和靖，以爲『吴儂生長湖山曲，呼吸湖光飲山緑。不論世外隱君子，傭奴販婦皆冰玉』。嗚呼！感人格物之機，其妙出於影響之捷，則頑夫廉，懦夫有立志，其有動於夷之清者，當如何哉？吾甚恨不能游君堂，飲君酒，姑述君志以答君請。紹定己丑四月十二日。明張衮《（嘉靖）江陰縣志》卷一建置記第一

小石山滄灣亭記

大江灌注天下幾半，其汗漫浩瀰，瀾翻怒激，壯者凌峯嶽，渺者吞海瀛，風煙雪月，雲陰霽朗之機，萬怪千奇，不可搏控。天地之用，莫偉於斯。是皆魚龍所都，梟雁所樂，漁郎騷老之所得意，而行人過客之所甚悲，若非名藩巨鎮宅其湄，則亦蜚樓麗閣矗其會。遐景跌蕩，壯圖崔巍，凡所凑奔，酬接靡暇。爲王人者，必才如司馬子長、柳子厚、元次山、大蘇公，必詩如杜少陵、孟東野、皇甫冉、司空圖諸人，而又手摘斗牛，胸中可八九雲夢，英辭動金石，藻韻回陽春，然後可以了此。不然，則風馬牛不相及也。一江自古全待乎人，今知者幾何，愛者幾何，領略

者又幾何，彈壓者又幾何？是可數也。江陰闤江之曲，江自此入乎海，凡百景趣，則與前一耳。户椽郡之水曹，特能括其景，洩其趣，是或有才足以處此者乎。予在墅，殫極千巖競秀，萬壑争流，草木薰籠，雲興霞蔚之狀，有非一日。户曹能日仝予酒，風予筆研，所以考高明之具，闢廣大之觀，意接情諧，若有得於斯者。然非其心胸不凡、目力不俗、筆下不塵埃，則匠幽裁奥，何能顓是哉！書來再三，委載其事，予曾不得同彼酒、同彼筆硯，往往神馳而意鶩，又安能爲之淋漓傾倒哉。迺歌江騷答之，使謌者歌以侑酒，其必有知户曹及予者。歌曰：『天不愛其神兮，有如斯江。江又不愛其神兮，日澎湃而夕犇淙。天地爲之混濛兮，風雲煙雨相從兮，掀撞皃雁。胡爲而輕狎兮，魚龍鼉蜃爲之恕嚨。杳或淞其所趍兮，亦既雪浪而疏瀧。月朦朧其鷺漵兮，風溺溺其魚矼。誰樂契其深匯兮，挈荃户而疏蘭窓。滲餘寒於墨硯兮，注春陽於瓊缸。眇一瞬而生雋兮，筆力爲之鼎扛。宛江妃之倈舞兮，律餘奏於空控。極千里其可屬兮，合一飛於輕艭。期與子其同醉兮，予心安得而不降？』户曹姓施，名德懋，予嘗字曰商輔，仝年著作郎兼右司郎官諱累之子，嚼乎雋秀而端挺者也。紹定二年正月十一日。明張衮《（嘉靖）江陰縣志》卷三提封記第二下

八景樓記

『帝子降兮北渚，目眇眇兮愁余。嫋嫋兮秋風，洞庭波兮木葉下。』此瀟湘風景，屈宋情思，

筆力不可控，書不可殫。杜工部詩：『天寒漁父網罟凍，洞庭瀟湘雪千里。』茲彷彿爾，可控耶？柳柳州詩：『煙銷日出不見人，欸乃一聲山水緑。』亦梗概爾，可殫耶控耶？柳杜以江山自任，目歷身涉，大略若此。若之何并包也，囊括也？山水之壯，壯於湘中，莫如海；風物之神，神於湘中，亦莫如海。六鼇出没，三山若沐乾浴坤，一碧萬頃，天琛水怪，鮫室珠宫，何有何無？秘怪怳惚，尤非湘中所可及。然騷人所少至，壯士所少游，故事軼而不著，跡鬱而不彰。然如陰鏗詩：『海上春雲雜，天際晚帆孤。』羅隱詩：『洞連滄海闊，山擁赤城寒。』韋述詩：『樹入江雲盡，城銜海月遥。』祖詠詩：『海色晴看雨，江聲夜聽潮。』耿湋詩：『海田秋熟早，湖水夜漁深。』包何詩：『海雲朝滿市，江鳥夜喧城。』喻坦之詩：『海曙霞浮日，江遥水合天。』李頻詩：『陰霞出海散，落月向潮流。』顧非熊詩：『塹起背城雁，帆分向海人。』李益詩：『片雲歸海暮，流水背城閒。』詩家者流，雋賞固不一可，景名尤不一也。英英哉陳君堯章，甘栖其濱，斵其麓，凡海情狀，以智受之。又希昔人所以心乎愛矣者，爲其游息之物、高明之具，雖未得拍斯闌、建斯酒，固已翛然望蓬萊之雲氣，懷乘桴之壯遊。爲之辭曰：鯨可鞭兮走鳞洲，右洪崖兮左浮丘。拂北斗兮違玉樓，閬風寒兮雪意秋。天不濕兮海西流，脚踢月兮舞鼇頭。兩鼇前兮挾吾舟，龍起舞兮魚飛浮。酒注海兮不可籌，簫玉裂兮馮夷愁。叫夫君兮一夷猶，夫君醉兮吾歸休。宋林表民《赤城集》卷十四

高似孫年譜

高氏生平資料散亂，洪業[一]、鮑永軍[二]、左洪濤[三]等多有搜集，今復在諸先生研究基礎上，廣參載籍，撰爲《高似孫年譜》，以期釐定高氏一生軌跡。

紹興四年，甲寅（一一三四）

六月廿三，高文虎生。

《剡南高氏宗譜》卷三《内紀行狀》：『高文虎，生於紹興甲寅六月廿三日，卒於嘉定甲戌五月初一日。配太學生昇上舍紹興丙寅科貢士周世修字德遠公長女。二子，長似孫、佽孫，一女適司農卿趙士奎。』（《高氏家族》，第七十九頁。該書又考定高文虎卒年當以高似孫所記『壬申』年更爲可能，今從其説。）

紹興二十八年，戊寅（一一五八）　一歲

二月初三，高似孫生。

《剡南高氏宗譜》卷三《内紀行狀》：『高似孫，字續古，號疏寮，行三，由太學率履齋登淳熙甲辰進士第，與嫡叔文善同榜。仕會稽簿，上殿奏事建博，召試官校書郎，歷官中奉大夫，提

舉建康府崇禧觀，通議大夫。生於紹興戊寅二月初三日，卒於紹定辛卯十月十五日。娶侍郎趙磻之女，封恭人，合葬剡北金波山父墳側。事見遺志并傳。生二子，普、歷。』（《高氏家族》，第七十九頁。）高歷字堯象，累官通判温婺等州，積階朝奉郎。子參蘭溪知縣。

紹興三十年，庚辰（一一六〇）　三歲

高文虎中進士。

孝宗淳熙四年，丁酉（一一七七）二十歲

在杭州太學求學〔四〕。

已開始編撰《文苑英華纂要》。

《文苑英華纂要序》：『孝宗皇帝閲《文苑英華》，周益公直玉堂，夜宣對，上謂秘閣本太舛錯，再三命精讎十卷以進。一日，侍公酒，公以無佳本爲言，因白架中有此書，間嘗用諸集是正，頗改定十之二三。』周必大《文忠集·文苑英華序》云：『始雕於嘉泰改元春，至四年秋訖工。』

孝宗淳熙五年，戊戌（一一七八）　二十一歲

高文虎任以國子正兼國史院編修官。（《南宋館閣續録》卷九）

淳熙十一年，甲辰（一一八四）　二十七岁

以太學率履齋生員登進士第，賜文林郎。（見上《剡南高氏宗譜》卷三《内紀行傳》）

《南宋館閣續録》卷八：『校書郎高似孫，字續古，慶元府鄞縣人。淳熙十一年衛涇榜進士出身，治詩賦。（慶元）五年十月除，六年二月通判徽州。』

叔父高文善同榜登第。（見上文所引《剡南高氏宗譜》）

宋光宗紹熙元年，庚戌（一一九〇）　三十三歲

授紹興府會稽主簿。

《文苑英華纂要序》：『初予官越，洪公（洪邁）方在郡，日日陪棣華堂書研。』而《宋史·洪邁傳》云：『紹熙改元，進焕章閣學士，知紹興府……明年，再上章告老……是歲卒』。可知高氏陪侍洪氏在紹熙元年左右。

宋光宗紹熙三年，壬子（一一九二）　三十五歲

作《水仙花前賦》。

《緯略》卷八《水仙賦》云：『余二十年前作《水仙賦》……五年前……再作《後水仙花賦》。』據《緯略序》，此書成於嘉定五年（一二一二），則《水仙花前賦》作於本年，《水仙花後賦》作於開禧三年（一二〇七）。

紹熙五年，甲寅（一一九四）　三十七歲

在會計主簿任上，奉祀攢宫。給事中樓鑰舉高似孫自代，未果。

樓鑰《攻媿集》卷三一《除給事中舉高似孫自代狀》：『文林郎、紹興府主簿高似孫夙有俊聲，能傳家學，詞章敏贍，吏道通明，臣今舉以自代。』樓鑰除給事中在紹熙五年九月二日。《緯略》卷四《甘脆》：『似孫昔奉祀攢陵，得牙盤食。』南宋皇陵正在會稽縣東南攢宫山。

宋寧宗慶元四年，戊午（一一九八）　四十一歲

五月，禁僞學，高文虎草詔。高似孫作《右道學圖》當在此時。

黄榦《勉齋集》卷二《與晦庵朱先生書》云：『道學之圖，聞高文虎之子所爲。又有一圖云《右道學》。』

慶元五年，己未（一一九九）　四十二歲

任武學博士。

《宋會要輯稿·選舉》二二：『正月二十五日，命權禮部尚書黄由知貢舉，吏部侍郎胡紘、侍御史劉三傑同知貢舉。……武學博士高似孫……點檢試卷。』

十月，除秘書省校書郎。（見上引《南宋館閣續録》）

高文虎五年八月以翰林學士兼實録院修撰。

慶元六年，庚申（一二〇〇）　四十三歲

二月，通判徽州。（見上引《南宋館閣續録》）

作《由校中秘書授徽倅道出金陵投留守吴公琚》詩。

正月二十一日，高文虎丐祠，除華文閣學士，與郡。（何異《宋中興學士院題名》）

嘉泰元年，辛酉（一二〇一） 四十四歲

命知信州，放罷。

作《朝丹霞》。（《騷略·朝丹霞》序題『歲辛酉元日』。）

嘉泰三年，癸亥（一二〇三） 四十六歲

在知信州任上。十一月與祠禄。

《宋會要輯稿·職官》七五：『（嘉泰三年）十一月二十八日，新知信州高似孫與祠禄……以臣僚言似孫倅徽陵轢，守喪寓居干撓郡政。』

開禧二年，丙寅（一二〇六） 四十九歲

在知嚴州任上。四月，與宫觀。

徐松《宋會要輯稿·職官》七四：『（開禧二年四月）二十七日，知嚴州高似孫與宫觀，理作自陳，以臣僚言其廉聲不聞。』

開禧三年，丁卯（一二〇七） 五十歲

作《水仙花後賦》。

是年，辛棄疾卒。高似孫曾有答辛棄疾詩。

十一月，宋殺韓侂冑，次年三月函首於金。

嘉定元年，戊辰（一二〇八）　五十一歲

正月十五日，封通議大夫。

《剡南高氏宗譜》卷首載『宋進士高似孫誥命』兩道，内容爲因高似孫爲通議大夫，故封其父高文虎爲通議大夫、贈其母周氏爲太恭人，均署『嘉定元年正月十五日頒下』（《高氏家族》，第一八九—一九〇頁。）

知江陰軍。

《高氏家族》以爲與封通議大夫同時，見第一〇〇頁『高似孫行事有年代可考簡表』。

二月，似孫父子并罷官。

徐松《宋會要輯稿·職官》七四：『（嘉定元年）二月九日，華文閣學士提舉江州太平興宫高文虎、龍圖閣待制提舉隆興府玉隆萬壽宫沈作賓落職罷祠，新知江陰軍高似孫降一官，罷新任，以左諫議大夫傅伯成言文虎跪譎傾邪，作賓掊克諂諛，似孫諂事侂胄，故有是命。既而臣僚復言似孫無君之心三事，追五官。』

此後高文虎退居嵊縣，似孫從之。

嘉定三年，庚午（一二一〇）　五十三歲

陸游卒。陸游曾與高似孫討論學問，見《緯略》卷十《翠粲》條。

嘉定五年，壬申（一二一二）　五十五歲

程大昌子程準新刊《演繁露》成，寄高文虎，文虎愛不釋手。高似孫因作《緯略》，成十二卷而文虎卒。（見《緯略》序）

高文虎卒。（《緯略》序）

嘉定七年，甲戌（一二一四）　五十七歲

應嵊縣令史安之請，作《剡録》。（《剡録》序署『嘉定甲戌』）

作《臺神弦曲》。

嘉定八年，乙亥（一二一五）　五十八歲

五月，爲母族周氏作《周舅氏族譜序》。（《剡南高氏宗譜》録此序，署『嘉定八年歲次乙亥夏榴月』。）

《緯略》約刊於是年。（《緯略》序題『嘉定十二年八月日，高似孫書』。）

十二月，應通妙道人之請作《重修靖通庵記》，署名『玉笥山人高似孫』。（元明善《龍虎山志》卷二《藝文・歷代宫宇碑記》）

嘉定十二年，己卯（一二一九）　六十二歲

八月，題喻樗所寫《蘭亭序》。（《蘭亭續考》卷一録此序，署『嘉定十二年八月日』。）

嘉定十五年，壬午（一二二二）　六十五歲

十一月，撰《選詩句圖》。（《選詩句圖》序署『壬午十一月二十一日』）

嘉定十六年，癸未（一二二三）　六十六歲

三月，刊刻《文苑英華纂要》。（《文苑英華纂要》序署『嘉定十六年三月七日』）

四月，刊刻《硯箋》。（《硯箋》序署『嘉定癸未四月十五日』）

五月，再度入館，任秘書郎。

《南宋館閣續録》卷八：『秘書郎高似孫，（嘉定）十六年五月除，十七年九月爲著作佐郎。』

《宋會要輯稿》卷二二：『（嘉定十六年）六月二十五日，銓試司命司秘書郎高似孫考試。』

十一月冬至，作《真誥序》。

《道藏》本《真誥》卷首，署『朝散大夫行秘書郎』。

八月，有詔贈高文虎秩儀同三司開大通宣顯府，其妻周氏封爲申國夫人。（《剡南高氏宗譜·高文虎敕命》，《高氏家族》第一八八頁。）

嘉定十七年（一二二四）　六十七歲

八月，撰《休寧縣禮物記》。

《（弘治）徽州府志》卷十二録此文，署『嘉定十七年秋八月，朝議大夫、行秘書省著作佐郎，兼莊文府教授，兼權侍右郎官高似孫記』。

九月，除著作佐郎。

删定桑世昌《蘭亭考》，改其父《蘭亭博議序》原署時間『開禧元年十二月望日』爲『嘉定元年十二月望日』。（原序見《蘭亭續考》卷一）

《蘭亭考》序：『嘉定十七年秋九月日，朝議大夫、新除秘書省著作佐郎、兼權侍右郎官高似孫謹書。』

宋理宗寶慶元年，乙酉（一二二五）　六十八歲

九月，知處州。

《南宋館閣續録》卷八：『著作佐郎高似孫，（嘉定）十七年九月除。寶元年九月知處州。』

十月十日至十一月七日，撰《史略》。（見《史略》序）

紹定元年，戊子（一二二八）　七十一歲

在處州，有政聲。

《光緒處州府志》卷十三《文職》一：『（高似孫）紹定戊子（紹定元年）守郡時，村民獻雙蓮花三，雙連實二，咸以爲仁德所召。』

《光緒處州府志》卷八《祠祀》載：　忠節祠『紹定中郡守高似孫修之』，附似孫《修忠節祠記》云：『似孫守括兩載』，『予歸矣，稍刊其意，以告後之留意於斯者』。

七月，奉詔入京。《江湖後集》卷二十三吴惟信《上高疎寮處州守》詩有云：『即有詔書催入覲，金蓮夜草玉堂深。』。按：嘉定十七年，似孫曾與鍾春伯拜訪劉克莊，並贈《疎寮詩》二册，劉克莊《後村詩話》卷八云：『未幾，鍾（春伯）貴顯，高（似孫）出館不復入，今皆物故。』據『不復入』一語可知，似孫此後未得入朝任官。

紹定二年（一二二九）　七十二歲

正月十一日，撰《石山滄灣亭記》。（見『補遺』所引《（嘉靖）江陰縣志》卷三）

四月十二日，撰《冰玉堂記》。（見『補遺』所引《（嘉靖）江陰縣志》卷一）

紹定四年，辛卯（一二三一）　七十四歲

十月十五，卒於嵊，葬金波山明心寺高文虎墓側，贈通議大夫。（見上文所引《剡南高氏宗譜》）

注　釋

〔一〕洪業：《高似孫史略箋證序》。

〔二〕鮑永軍：《高似孫生平事跡考辨》，《社會科學戰線》二〇〇九年第十一期。

〔三〕見《高氏家族》第三章。

〔四〕從鮑永軍説。

圖書在版編目(CIP)數據

高似孫集 /（宋）高似孫著；王群栗點校. —杭州：浙江古籍出版社，2017.5
ISBN 978-7-5540-0992-5

Ⅰ.①高… Ⅱ.①高…②王… Ⅲ.①雜著—中國—宋代 Ⅳ.①Z429.44

中國版本圖書館 CIP 數據核字(2017)第 062793 號

高似孫集

（全三册）

（宋）高似孫 著　王群栗 點校

出版發行　浙江古籍出版社
（杭州市體育場路 347 號　郵編：310006）
網　　址　www.zjguji.com
責任編輯　路　偉　潘丕秀
封面設計　劉　欣
責任校對　余　宏
責任印務　樓浩凱
照　　排　浙江時代出版服務有限公司
印　　刷　浙江新華數碼印務有限公司
開　　本　880mm×1230mm　1/32
印　　張　35.125
字　　數　720 千
版　　次　2017 年 5 月第 1 版
印　　次　2017 年 5 月第 1 次印刷
書　　號　ISBN 978-7-5540-0992-5
定　　價　140.00 圓（精裝）